김용 |세계은행 총재|
스피치 스페셜
|Address & Interview|

박지성

고려대학교 졸업 영문|언어학과
저서) 리딩이노베이터(기본편/실전편) 「종합출판 EnG」
　　　퍼펙트 편입독해 「종합출판 EnG」
　　　TEPS 모의테스트 Big Book 「종합출판 EnG」
카페) 공유의 기쁨(http://cafe.naver.com/chongjee)

강홍식

약력) 현 분당 PJ어학원 원장
　　　전 고려대, 외국어대, 숙명여대, 한양대, 경희대, 건국대, 서울시립대 초빙강사
　　　YBM 본원 저서 직강
　　　미국 디스카운트 스토어 K mart 한국지사 근무, 세계적인 완구회사 Mattel Toy 근무
　　　미 8군 사령부 작전 교육실 복무
　　　한국 외국어대 통역협회 초대 부회장
저서) 리스닝이 스피킹을 만날 때 「종합출판 EnG」
　　　진짜 미국식 발음법의 진실 혹은 오해 「종합출판 EnG」
　　　대통령 명연설문 「종합출판 EnG」
　　　3단계로 훈련하는 영어뉴스 쉽게 듣기/귀가 뻥 뚫리고 혀가 확 꼬부라지는 영어

김용 |세계은행 총재| 스피치 스페셜

발 행 일 | 2019년 1월 7일
저　 자 | 박지성 · 강홍식
발 행 인 | 문정구
발 행 처 | 종합출판 EnG
출판등록 | 1988. 6. 17 제9-175호
주　 소 | 04002 서울시 마포구 월드컵북로 5길 65 주원빌딩 4층
홈페이지 | www.jonghapbooks.com
전자메일 | jonghap@jonghapbooks.com
대표전화 | 02-365-1246
팩　 스 | 02-365-1248

정가 13,000원(저자 해설강의 / 원문육성 MP3 파일 포함)

ISBN 978-89-8099-679-7　　13740

이 도서의 국립중앙도서관 출판시도서목록(CIP)은 서지정보유통지원시스템
홈페이지(http://seoji.nl.go.kr)와 국가자료공동목록시스템(http://www.nl.go.kr/kolisnet)에서
이용하실 수 있습니다. (CIP제어번호: CIP2018043201)

※ 낙장 및 파본은 바꾸어 드립니다.

김용 |세계은행 총재|
스피치 스페셜
| Address & Interview |

Jonghap Books

Prologue[1]

김용 총재,
그의 언어를 통해서
영어 그 이상을 배운다

김 총장을 보면, "젊었을 적 고생은 사서한다"는 말이 더 이상 시대에 맞지 않는 듯하다. 하버드대에서 20년간 교수직을 끝내고 종신직이 보장된 다트머스 총장으로 일하면서 현실에 안주하는 "넓은 길"을 택할 수도 있을 것이다. 하지만, 그는 학문적 삶이라는 상아탑에서만 머물길 원하지 않고, 다시 "좁은 길"을 택했다. 1987년 폴 파머 하버드대 의대 교수와 "파트너 인 헬스(Partners In Health)"라는 의료 자선단체를 함께 창립한 김 총장은 아이티, 페루, 과테말라, 르완다 등 세계 곳곳의 개도국에서 삶을 위협하는 에이즈, 결핵, 말라리아퇴치 등 의료 구호활동을 벌여왔으며, 지금은 세계은행총재의 자리에서 그 실천적 삶의 지평을 넓히려고 하고 있다. "고생"을 고생으로 보지 않고, '인류의 문제를 나의 문제(seeing the world's problems as my problems)'로 인식하는 그의 철학은 "실천적 철학"의 진수를 보여주고 있다고 볼 수 있다.

영어를 배우는 입장에서 우리는 그에게서 무엇을 얻을 수 있는가? 단순히, 나의 영어 표현목록(inventory)에 새로운 표현 하나를 더 추가하는 의미가 다인가? 당연히 김 총장의 연설과 인터뷰를 통해 살아 있는 영어를 접한다는 의미도 크다. 그가 구사하는 영어는 고급영어라는 알맹이가 젊은 감각이란 껍질에 잘 포장되어 있다. 하지만 그가 구사하는 영어는 단지 언어학적 태두리가 아닌 삶 속에 구현되는 실천적 언어이다.

그의 언어 속에는

첫째, 인간을 떠난 학문은 가치가 없다는 실용적 철학이 담겨 있다.

둘째, 학문을 통해 더 나은 삶의 실천적 기반을 제공할 수 있다는 진취적이고, 긍정적인 삶이 담겨 있다.

셋째, '나'만을 지키고자 하는 울타리에서 벗어나, 남을 생각하는 박애정신이 담겨 있다.

넷째, 현재 우리가 직면한 문제를 정확히 인지하고, 대안을 제시하는 선견지명이 담겨 있다.

다섯째, 야광스틱을 들고 힙합을 추며, 젊은이들과 같은 눈높이에서 인생의 교훈을 들려줄 수 있는 자신을 낮추는 겸손함이 담겨 있다.

그의 입에서 반복적으로 나오는 표현이 있다. "take on the problem"과 "tackle the problem"이다. 이 두 표현 모두에는 '어떤 문제가 생기면, 또 문제가 있어 보일 때 관망만 하거나 회피하지 않고 그것을 해결하려는 의지를 가지고 적극적으로 덤벼들다'의 의미를 가지고 있다. 그는 자신의 학문 속에서 깨어나라고 말한다. 학문을 위한 학문은 한계가 있다는 말이다. 우리는 그의 언어를 통해서 나를 깨고, 세계의 문제를 나의 문제로 인식하는 혜안을 가지게 된다.

박지성

Prologue[2]

"영어명연설문으로 완벽에 가까운 영어를 구사하라"

영어로 완벽에 가깝다는 말은 'almost perfect' 또는 'nearly perfect' 또는 'just about perfect' 또는 'near perfection'이고, 누구의 영어가 '거의 완벽하다'고 말하고 싶으면 이 중 하나를 써서 "His English is almost perfect."라고 하면 된다.

한국 땅에 태어나 영어를 할 수밖에 없는 입장에 선 분들 누구든 글로벌 시대가 요구하고 있는 near perfect English(거의 완벽한 영어)를 구사하고 싶을 것이다. 이 '유창한 영어'라는 challenge(도전)에 맞서 영어를 mastery(정복)해보려고 사설 영어학원은 기본이고, 영어과외, 인강(인터넷 강의), 각종 영어책 구입, 해외 연수 등 별별 공부 방법을 다 시도해보고 있는 게 현실이다. 하지만 결과는 해보셔서 잘 아시겠지만, 대다수의 영어학도들에게 좌절과 절망만 안겨주었을 것이다.

40여 권의 영어책을 집필한 경험이 있는 영어전문가로서 자초지종은 생략하고 영어를 정복하기 위한 간결 명확한 나의 조언은, 영어를 정복하려면 첫째, 영어공부에 임하는 자세가 되어 있어야 한다는 것이다. 그 다음은 뭘 갖고 어떻게 얼마 동안 공부하느냐?가 중요한데 여기서 내가 강조하는 포인트는 뭘 갖고 했느냐이다. 어떻게 해서 영어를 잘하게 되었느냐? 어떻게 해서 영어박사가 되었느냐? 어떻게 해서 영어를 정복했느냐? 물어보는 데, 내가 외국에서 유학을 했다거나 살았다거나 한 경력이 있었다면 아마 그런 질문을 던지지 않았을 것이다. 나는 완전 토종 국내파 영어전문가이다.

결론적으로, 이 지면을 빌어 영어를 잘하게 된 비결을 전수하자면 명연설가들의 영어 명연설문 전문을 A4용지 기준 30여 쪽을 달달 외우다시피 수십 번 읽고 나서 영어에

　자신감을 갖고 이후부터는 외국인을 만나도 영어대화를 한다기보다 그들을 압도하는 영어로 바뀌기 시작했다는 것이다. 고급 문장 패턴 수백여 가지를 머릿속에 입력시켜 놓았으니 네이티브와 대화를 하다가 나도 모르는 사이에 고급 회화 문장이 튀어 나오고, 또 그들과 영어로 이메일을 주고 받을 때, 입력되어 있는 명문장 구조가 저절로 활용되는 것이 아닌가?

　영어라는 것이 토익 만점을 맞고, 텝스나 토플에서 고득점을 땄다고 유창해지지는 않는다. 새로 선보이는 NEAT(국가영어능력 검정시험)에서도 장담하건데 마찬가지일 것이다. 10년 이상 유명 영어학원에서 강의해보고, 10년 이상 서울의 명문대학에서 강의해오면서 해외 유학파들을 만나보면 극소수를 빼놓고는 영어를 잘하는 것 같지도 않고 본인들 스스로도 자신하지 못한다. 여러 가지 이유가 있겠지만 주옥같은 명문장들이 가득 담겨있는 영어 명연설문들을 맛만 보고, 충분히 섭취하지 않은 것도 한 이유가 될 것이다.

　누가 뭐라고 하든 내가 체험했던 영어 명연설문 최소 30쪽 이상을 달달 외워보라고 권장하는 바이다. 외우고 나면 자신감에 넘치는 영어가 되기 시작할 것이다. 영어 명연설문 수십 쪽을 외우기 전에 단 한 가지 유의할 점은 영어 명연설문을 해석해보고, 따라해보고, 암기하는 과정에서 명연설문 문장 구조를 이해하지 못한다거나, 왜 그렇게 해석이 되는지 이해가 안 되거나 해석 없이는 명연설문 문장을 이해하지 못하는 독자들의 경우에 기본적인 어휘력, 문장 구조 파악 능력, 고급 문장 이해에 필수적인 상급 수준의 영문법 실력을 갖춰놓거나 갖춰가면서 명연설문 공부에 열정을 쏟아 부으라는 것이다. 왜 이렇게 해석되는지 모르거나 해석 없이는 두 문장에 하나 꼴로 막히는 수준이라면 어휘, 문법, 문장 구문 파악 능력을 키워놓고 도전하는 것이 영어정복길로 가는 순서일 것이다.

    김용 총재는 세계에서 가장 영향력 있는 100인 중 한 명이며, 한국계 미국인으로서 가장 완벽한 영어를 구사하는 분들 중 한 명이다. IVY리그에 속하는 다트머스대 총장의 연설문이니 볼 것도 없이 구구절절이 명문장들인 줄은 예상했지만 읽어보니까 한 마디로 말해서 미국의 상위 1%를 대상으로 한 연설문이 아니라 상위 0.1%를 대상으로 연설하지 않았나 생각이 들 정도로 내가 최근 몇 달 동안 읽어본 연설문과는 격이 다른 최고급 수준의 문장들로 구성되어 있는 것이 아닌가? 이 분은 대단한 경력과 공로로 그 자리에 올랐겠지만 이 분의 완전무결한 영어구사력도 신화적인 인물이 되는 데 일조했다고 본다. 자, 내가 지금 일명 영어정복약(?)인 영어 명연설문들 중에서도 거의 대표선수급이라고 할 수 있는 이 책에 수록된 원문을 수십 번 아니 100번 이상 읽어보고 발음까지 흉내 내가면서 읽으면 발음은 물론 청취력도 급상승할 것이라고 믿는다.

    I wish you could have a good command of English!
    (영어를 자유자재로 구사할 수 있기를 바랍니다!)

강홍식

교재 구성 (원문녹음 MP3파일 포함)

① 총 21개의 김용 총재 연설문 및 인터뷰 원문을 다루었으며, 원문이 좀 긴 경우에는 적절한 길이로 나눠 실었다.
② 원문마다 중요어휘 해설과 원문해석을 포함해서 다음과 같이 영어레슨 코너를 두었다.

영어레슨 코너

1. 중요표현 해설
미국에서 주로 사용되는 관용표현에 관한 설명으로 원문해석의 이해를 돕고자 했으며, 또 미국식 발음에서 자주 나타나는 연음, 축약 등에 관한 음운현상을 설명하여 듣기에도 도움되도록 했다.

2. Sentence Structures
원문의 중요한 문장구조 및 구문을 필요 시 문법설명과 함께 관련 예문을 첨부했다.

3. Useful Expressions
원문에 나온 구어적으로 자주 쓰이는 단어·숙어를 뽑아 스피킹 표현으로 활용할 수 있도록 이에 따른 관련 예문을 다뤘다.

4. Writing Practices
역시 원문에 나오는 유용한 어구·구문을 활용해서 간단한 영작연습을 해볼 수 있도록 문제형식으로 힌트를 첨부해서 구성했다.

5. 발음팁
원문 중 미국식 발음법이 필요한 어휘들을 선별하여 이해하기 쉽도록 설명했으며, 더불어 실제 원어민 발음에 가장 가까운 우리말로 표기해서 이를 참고로 발음연습과 원활한 듣기에도 도움되도록 했다.

6. 직독[직청]직해

연설 원문마다 의미·정보단위별 끊어읽기(chunk방식)를 통해서 영어 어순대로, 영문을 앞에서부터 읽어가며 바로바로 이해하는 훈련을 할 수 있도록 했다. 한편 영문의 슬래시(/)로 구분된 곳마다 영문에 따른 육성음원에 포즈(pause)를 두어 이 포즈를 이용하여 직청직해, 즉 들어가며 바로 이해해 나갈 수 있는 훈련도 병행하도록 꾸며놓았다.

부록 미국식 발음특강

명연설문을 암기해서 주옥같은 문장들을 외우고, 이를 활용하여 고급영작·회화를 잘하고 싶을 터인데 영어회화는 고급이든 아니든 발음이 좋아야 자신감도 생기고 원활한 소통이 가능하다. 때문에 이 책 부록에 수십 년 동안 발음 관련 저서 집필과 강의를 해온 이 책 저자가 미국발음현상 등 기본적인 미국식 발음법 요령에 대해 간단하고 쉽게 설명해 놓았다.

| MP3 녹음파일 안내 |

음원 수록내용: 저자 원문 해설강의 / 스피치 원문 육성 / 직청직해 훈련용

1. 수록된 내용별로 모두 각각의 원문에 해당 음원 트랙번호(track#No.)를 표시하며 구분했는데, 그 목록을 작성해서 홈페이지(자료실)에 올려 놓았다.
2. 직청직해 훈련용 음원에는 책의 직청직해 코너에 다뤄진 원문 단위별로 끊어서 슬래시(/)로 구분한 곳마다 포즈(pause)를 주어 편집했다.(이 포즈를 이용해서 음원을 일시중지 시켜가며 방금 들은 내용을 큰 소리로 따라 읽거나 정확한 원문 확인과 의미이해를 할 수 있도록 반복연습한다.)

음원 다운로드 ▶ **www.jonghapbooks.com**

Contents

Prologue [1]·[2] 4

1. **Why I became a doctor?** (1) 14
   Why I became a doctor? (2) 18
   아버지의 한 마디

2. **About my wife, Dr. Younsook Lim** 22
   내 아내가 하는 일

3. **I've been an athlete all my life.** 26
   스포츠는 성공을 예견하는 요소

4. **Born in Korea** (1) 30
   Born in Korea (2) 34
   다섯 살 때 이민 오다

5. **Teaching and Mentoring** 38
   위대한 조언자들

6. **Finding your passion** 42
   열정을 찾아서

7. **Ivy League Milestone** 46
   아이비리그를 이끄는 첫 번째 동양인

8. **Proudest professional achievement** (1) 50
   Proudest professional achievement (2) 54
   가장 어려운 문제를 해결하려고 시도하다

9. **Aspirations** 58
   고귀한 열망

10. **Keep Your Feet On the Ground** 62
    부모님의 가르침에 늘 감사하다

11. **Education is not Just about Transferring Knowledge** 66
    진정한 교육이란?

12 **Making World Troubles My Troubles** ········· 70
더 나은 세상을 만들어가자

13 **Take on the Problems** (1) ················· 74
   Take on the Problems (2) ················· 78
어떤 난제도 만나도 피하지 말자

14 **Optimism is a Moral Choice** ············· 82
끊임없는 낙관주의의 원천

15 **What Risks Should Be Taking?** (1) ········· 86
   What Risks Should Be Taking? (2) ········· 90
위대한 도전이란?

16 **One of the most acclaimed visionaries** ····· 94
김용 총장 소개

17 **The World's Troubles are Your Troubles 1** (1) ····· 98
   The World's Troubles are Your Troubles 1 (2) ····· 102
세계의 문제는 바로 우리의 문제

18 **The World's Troubles are Your Troubles 2** (1) ····· 106
   The World's Troubles are Your Troubles 2 (2) ····· 110
세계의 문제는 바로 우리의 문제

19 **American Healthcare Crisis** (1) ············ 114
   American Healthcare Crisis (2) ············ 118
   American Healthcare Crisis (3) ············ 122
미국 의료 제도의 위기

20 **Life-saving Drugs and Drug Industry** (1) ····· 126
   Life-saving Drugs and Drug Industry (2) ····· 130
약품 전달이 용이하도록 하는 시장의 동기가 중요

21 **Drugs that can not be reachable** (1) ······· 134
   Drugs that can not be reachable (2) ······· 138
새로운 약과 백신이 빨리 제공되기를…

부록: 미국식 발음 특강 ····························· 142

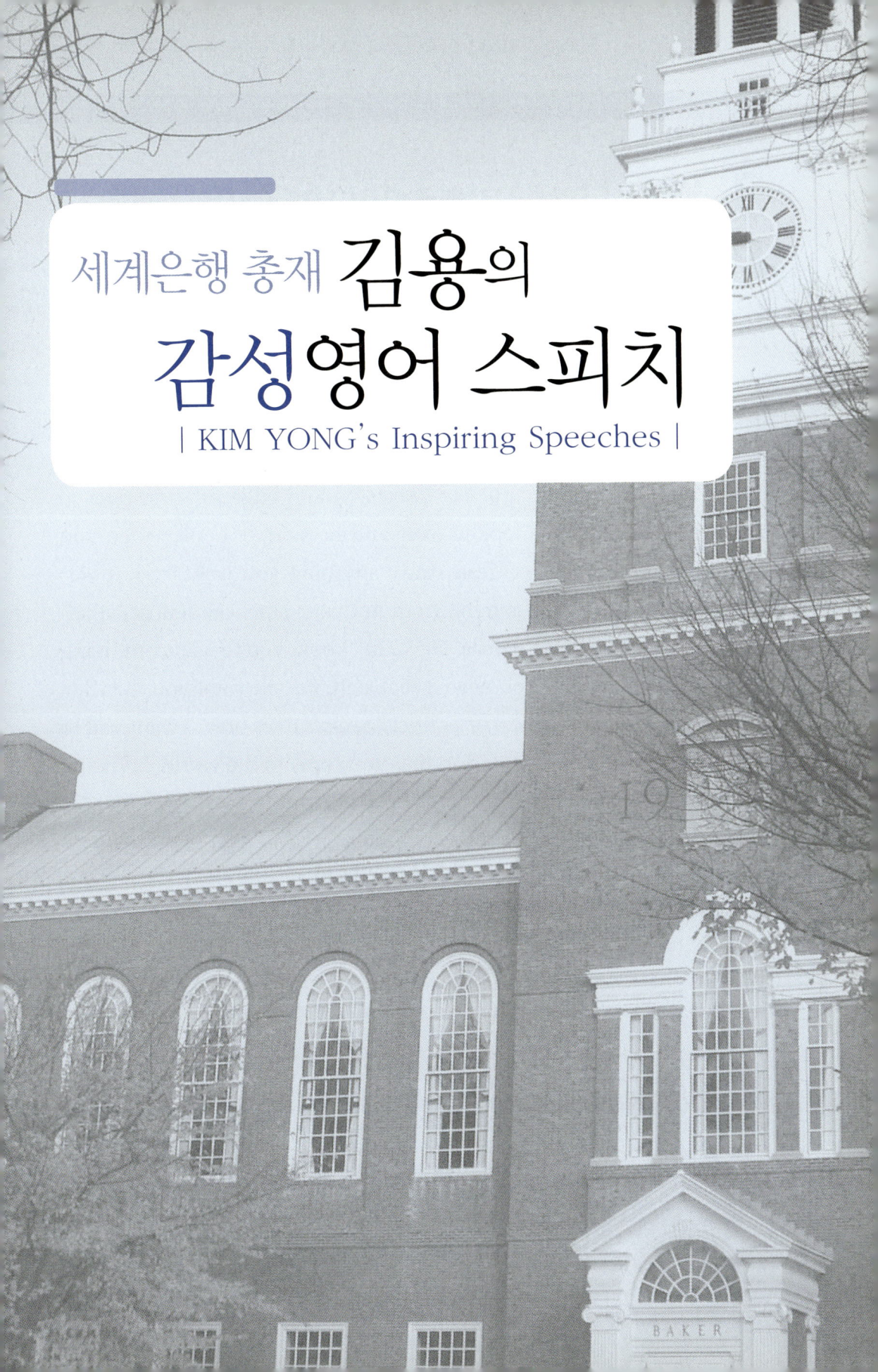

세계은행 총재 김용의 감성영어 스피치
| KIM YONG's Inspiring Speeches |

1 Why I became a doctor? (1)

I'll never forget when I was a sophomore at Brown. I came home from school and my father picked me up at the airport, which was about 30 miles [1]down the road from that small town in Iowa that I lived in. And then my father asked me, "So, Jim what are yougonna study?" And I said, "Dad, I think I wanna study philosophy and political science." And so my father slowly put the brakes on and edged the car over to the side of the road. He looked over and he said, "[2]Look, when you finish your [3]residency, you can study anything you want." So, it was a message that was clear coming from my very practical dentist father. He said it to me in those words. He said, "Look, you're a Korean living in an American society. You need a real skill. I don't want you to tackle problems from philosophical or political perspectives only. I want you to have some sort of practical skill so that you come to the world, knowing how to do something and not just how to think." Now here he was talking to me when he knew that my mother was a Ph. D in philosophy. So I had this two very different strains in my life.

중요표현 해설

[1] down the road에서 down이 반드시 '아래쪽'을 의미하는 것은 아니다. 도시 중심에서 외곽으로 나가는 방향을 down으로 표현하기도 한다. 본문에서 번잡한 공항에서 거주지 방향을 뜻하는 표현으로 down을 쓰고 있다. 또한 down the road는 '장래에, 앞으로'의 의미로도 자주 쓰인다. 예를 들어, 'I will be a big shot down the road.'는 '나는 큰 인물이 될 거야.'라는 뜻이다.

[2] 일반적으로 Look이 대화 시 처음 말을 꺼낼 때 쓰는 우리말에 '이봐, 여보게'로 생각하는데, 사실은 상대방의 견해가 나와 달라 다소 불편한 심기를 드러내고자 할 때 쓰인다. 본문에서도 아들의 말에 아버지가 차를 도로 한 쪽에 세우고, 설득하는 내용이 전개되고 있다.

[3] residency는 인턴과정 다음에 실시되는 전문의 (醫) 실습기간을 지칭한다.

아버지의 한 마디

저는 제가 브라운 대학의 2학년 재학 때를 절대 잊지 못할 것입니다. 학교가 끝나고 집에 오는 길에 아버지는 저를 데리러 공항에 오셨는데, 여기는 제가 살던 아이오와의 작은 마을에서 길을 따라 약 30마일 떨어져 있었죠. 그때 아버지가 저에게 물으셨어요. "그래 짐, 뭘 공부할 거니?" 그래서 저는 말했습니다. "아버지, 저는 철학과 정치학을 공부할 생각입니다." 그리곤 아버지는 천천히 브레이크를 밟으시고는 (속도를 늦추시면서) 차를 도로 가에 세우셨습니다. 저를 보면서 아버지가 말씀하셨죠. "이것봐라, 네가 전문의 실습과정을 다 끝내면, 네가 원하는 무엇이든 공부할 수 있어." 이것은 매우 실용적이신 치과의사인 아버지가 제게 들려준 분명한 메시지였습니다. 아버지는 이런 말로 저에게 말씀하셨어요. "이것봐라, 너는 미국 사회에서 살고 있는 한국인이야. 너에게는 실용적(현실적)인 기술이 필요해. 나는 네가 단지 철학적이거나, 정치적 견해에서 문제를 해결하길 원하지 않아. 네가 일종의 실용적인 기술을 가져서 세상(사회)에 나올 때 단지 생각하는 방법뿐 아니라 뭔가를 할 수 있는 것을 알고 나오길 바란다." 사실 아버지는 어머니가 철학 박사임을 아시면서도 이런 말씀을 저에게 하신 거죠. 저는 이런 아주 다른 두 성향을 저의 삶에서 경험했습니다.

Words & Phrases

sophomore[sάfəmɔ̀ːr]
(대학) 2학년생

philosophy[filάsəfi]
철학

political science
[pəlítikəl] [sáiəns]
정치학

put the brakes on
[breiks]
차를 멈추다

edge[edʒ]
조금씩 이동시키다

look over
훑어 보다

finish residency
[rézədənsi]
실습과정을 끝내다

society[səsáiəti]
(공동체를 이루는) 사회

tackle problems
[tǽkl] [prάbləm]
문제를 해결하다
(= deal with problems)

philosophical
[filəsάfikəl]
철학의

political[pəlítikəl]
정치적인

perspective[pərspéktiv]
관점 (= viewpoint)

strain[strein]
성향, 기질

문장 구조

so that you come to the world

→ 'so that ~'는 결과적인 용법이나, 때로는 목적으로 해석하기도 한다. 여기서는 '네가 세상에 나올 수 있도록'이라는 뜻이다.

ex. He regularly takes exercise every day *so that* he can stay fit.
그는 건강을 유지하기 위해 매일 규칙적으로 운동을 한다.

He often not only lies but also breaks his appointments with others *so that* he have no friends.
그는 종종 거짓말을 할 뿐만 아니라, 다른 사람과의 약속을 어긴 나머지 친구가 없다.

직독[청] 직해: 읽어가며[들어가며] 바로 이해하기 훈련

I'll never forget / when I was a sophomore at Brown. // I came home from
저는 절대 잊지 못할 것입니다   제가 브라운 대학의 2학년 재학 때를   학교가 끝나고 집에 오는 길에

school / and my father picked me up at the airport, / which was about 30
               아버지는 저를 데리러 공항에 오셨는데   약 30마일 떨어져 있었죠

miles / down the road / from that small town in Iowa / that I lived in. // And
         길을 따라   아이오와의 작은 마을에서   제가 살던   그때

then my father asked me, / "So, Jim what are you gonna study?" // And I
아버지가 제게 물으셨어요   그래 짐, 뭘 공부할 거니?   그래서 저는

said, / "Dad, I think I wanna study philosophy and political science." //
말했습니다   아버지, 저는 철학과 정치학을 공부할 생각입니다

And so my father slowly put the brakes on / and edged the car over / to
그리곤 아버지는 천천히 브레이크를 밟으시더니   차를 세우셨습니다

the side of the road. // He looked over / and he said, / "Look, when you
도로 가에   저를 보시면서   아버지가 말씀하셨죠   이것 봐,

finish your residency, / you can study anything you want." // So, it was a
전문의 실습과정을 다 끝내면   네가 원하는 뭐든 공부할 수 있어   이것은

message that was clear / coming from my very practical dentist father. // He
분명한 메시지였습니다   매우 실용적이신 치과 의사인 아버지가 제게 들려주신   아버지는

said it to me / in those words. // He said, / "Look, you're a Korean / living
말씀하셨어요   이런 말로   아버지가 말씀하셨지요 봐라, 너는 한국인이야

in an American society. // You need a real skill. // I don't want you to tackle
미국 사회에서 살고 있는   너는 실용적인 기술이 필요해   나는 네가 문제를 해결하길 원하지 않아

problems / from philosophical or political perspectives only. // I want you to
                단지 철학적이거나, 정치적 견해에서만   나는 네가 가지길 바란다

have / some sort of practical skill / so that you come to the world, / knowing
            일종의 실용적인 기술을   세상(사회)에 나올 때

how to do something / and not just how to think." // Now here he was talking
뭔가를 할 수 있는 것을 알기를   단지 생각하는 방법뿐 아니라   사실 이 말씀을 아버지는 저에게

to me / when he knew / that my mother was a Ph. D in philosophy. // So I had
하신 거죠   아시면서도   어머니가 철학 박사임을   저는

this two very different strains in my life. //
이런 아주 다른 두 성향을 저의 삶에서 경험했습니다

Further Study

발음팁

political [폴리티컬]로 발음하기 쉬운데, 강세가 두 번째 모음에 있으니까 밑줄 친 I에 강세를 두고 [펄리리컬]로 발음해야 미 아나운서 발음이 나온다.

thirty 밑줄 친 부분은 번데기 발음기호이니까 혀끝이 치아 사이에 살짝 걸치도록 노력하면서 [*써+떠리] (*ㅆ – 사전의 번데기 발음기호 [θ]를 말합니다.)로 발음해야 A+발음.

wanna 이렇게 표기한 것은 [워너]로 발음하라는 것으로, want to를 보통 미국인들은 [워너]라고 발음한다. 여러분은 발음할 때 [워너]나 [원투] 둘 중 하나를 사용하면 되는 거죠.

road load(짐)와 구분해서 발음해야 하니까 소리 안 나게 (우) 발음을 내리는 입모양을 취하고 있다가 [로우(드)]라고 발음해야 한다. 그러니까 [(우)로우(드)]처럼 발음하면 되는데 문장 속의 이 단어를 발음할 때는 그냥 [(우)로운]처럼 발음하는 것이 좋다.

sort of [쏘트 오브]라고 발음하면 안 된다. 그리고 아주 아주 많이 쓰이는 전치사 of를 [오브]라고 발음하는 경우가 많은데, 그 발음은 완전 콩글리시니까 반드시 [어(브)]로 발음하도록 한다. 이 두 단어는 연음시켜 [쏘러(브)] 정도로 발음해야 폼나는 발음이 나온다.

Useful Expressions

pick ~ up ~을 마중 나오다, 차를 태우러 오다
Who is supposed to *pick me up* at the airport?
누가 공항에 나를 마중 나오기로 되어있니?

put on the brakes 브레이크를 밟다
She *put on the brakes* suddenly in order to avoid the head-on collision.
그녀는 정면충돌을 피하기 위해 갑자기 브레이크를 밟았다.

edge 천천히 나아가다, 살살 움직이다
She *edged* a little closer to me.
그녀가 내게 조금 더 가까이 다가왔다.
He *edged* nervously past the dog.
그는 불안해서 그 개 앞을 살금살금 지나갔다.

perspective 관점 (= viewpoint)
I see the launch of the long-range rocket by North Korea from a different political *perspective*.
나는 북한의 장거리 로켓 발사를 다른 정치적 관점에서 본다.

Writing Practice

1 저에게 베푸신 은혜 절대 잊지 못할 것입니다. (절대 잊지 못할 것입니다 I'll never forget)

Answer I'll never forget all the favors you have done for me.

1. Why I became a doctor? (2)

But I ^{1}can't tell you how grateful I am to my father for ensuring that I went to the medical school. Because I think in all the problems that I have ^{2}taken on, I haven't come at it from a purely philosophical and political perspective. ^{3}On one level I am a very practically oriented physician that's trying to solve problems so that people can live. On the other hand, I never gave up my interest in philosophy and politics therefore I studied anthropology. And so I am very interested in the political and philosophical aspects of these problems. But first and foremost, I am oriented toward solving practical problems and I hope I can bring that with me to Dartmouth. You know there are gonna be a lot of practical problems we've got to solve. There're gonna be people with the huge, broad range of political and philosophical opinions about how to do that. But the.. ^{4}at the end of the day we've got to solve problems, we've got to be practical. And we have to be focused on the outcome.

중요표현 해설

1. 미국영어에서 can과 can't의 차이는 t 발음의 유무가 아니라 모든 a의 발음 차이에서 발생한다. 긍정의 can의 경우 우리말에 [큰]에 가까우며 부정의 can't는 [캔]으로 똑똑히 들린다.

2. 구어(대화체)적 색깔이 확연히 드러나는 표현이다. take on은 '떠맡다, 도전하다'의 뜻으로, problem과 하나의 말뭉치(collocation)를 이루어 'take on problems'로 많이 쓰인다. '문제를 떠맡다, 도전하다'의 뜻이다.

   ex. They're running into problems on another job and won't be able to take on anything else for at least a month. (이들은 또 다른 작업의 문제에 봉착해서 적어도 한 달 동안 다른 일을 떠맡을 수가 없을 거야.)

3. on the other hand의 짝으로 on (the) one hand를 함께 외워두면 좋다. 본문에서 on the other hand의 짝으로 'on one level'로 활용하고 있는 점을 주의한다.

4. at the end of the day를 직역하면 '그날의 마지막 때에'라는 우스꽝스러운 해석이 된다. 본문에서 eventually와 같은 뜻으로, '결국에는, 마지막에는'의 의미로 쓰이고 있다.

아버지의 한 마디

그러나 저는 제가 의과 대학에 가도록 하신 아버지께 얼마나 감사한지 모릅니다. 왜냐하면 제가 지금껏 마주했던 모든 문제에서 저는 이를 순전히 철학적이고 정치적인 관점에서만 접근하지 않았어요. 한편으로 저는 문제를 해결해 사람들이 살 수 있도록 애쓰는 매우 실용적인 성향의 의사입니다. 반면, 저는 한 번도 철학과 정치에 대한 흥미를 포기하지 않았기에 인류학을 공부했습니다. 그래서 저는 이러한 문제들의 정치적, 철학적인 측면에도 관심이 많습니다. 그러나 무엇보다, 저는 실질적인 문제를 해결하려는 경향이 강하고, 다트머스에 이러한 성향을 적용하길 원합니다. 아시다시피, 우리가 해결해야 하는 실질적인 많은 문제점이 있을 겁니다. 이를 실천하는 방법에 관한 거대하고, 폭넓은 범위의 정치적이고 철학적인 견해가 나올 겁니다. 그러나 결국에는 우리가 이러한 문제를 해결하고, 현실성 있게 대처해야 한다는 것입니다. 그리고 우리는 결과에 초점을 맞추어야 합니다.

Words & Phrases

how grateful I am 내가 얼마나 감사한지
ensure[inʃúər] 확실히 하게 하다
take on ~를 처리하다, ~를 떠맡다, ~와 맞붙다
come at ~ ~한 사실에 접근하다
purely[pjúərli] 순전히, 전적으로
from a purely philosophical and political perspective 순수하게 철학적이고 정치적인 관점에서
practically 실제적으로; 사실상
anthropology[ӕnθrəpάlədʒi] 인류학
be interested in ~ ~에 관심이 있다
aspect[ǽspekt] 측면
foremost[fɔ́ːrmoust] 가장 중요한
first and foremost 우선 무엇보다도
oriented[ɔ́ːrientid] ~하는 경향[성향]이 있는
solve 해결하다; 풀다
huge 거대한, 매우 큰
broad (폭이) 넓은, 광범위한
range 범위
a broad range of 광범위한(= a wide range of)
opinion 의견, 견해
at the end of the day 결국에는, 종말에는
focus (관심, 노력 등을) 집중하다, 초점을 맞추다
outcome 결과 (= result, consequence)

문장 구조

ensure that ~ ~를 보장하다, ~를 확실히 하다

ex. We need to be extremely careful to *ensure (that)* such an error does not happen again.
우리는 그러한 실수가 다시는 발생하지 않도록 극히 조심할 필요가 있다.

On one level I am a very practically oriented physician **that**'s trying to solve problems **so that** people can live.
→ that은 physician을 선행사로 받는 관계대명사이고, so that ~은 결과를 뜻하는 접속사이다.

You know there are gonna be a lot of practical **problems** we've got to solve.
→ problems 뒤에는 목적격 관계대명사인 which[that]가 생략되어 있다.

직독[청] 직해: 읽어가며[들어가며] 바로 이해하기 훈련

But I can't tell you / how grateful I am / to my father / for ensuring / that I
그러나 말로 표현할 수 없군요   얼마나 감사한지   아버지께   확신을 주신 데 대해   제가

went to the medical school. // Because I think / in all the problems / that I have
의과 대학에 가도록   왜냐하면 저는 생각합니다   모든 문제에서   제가 지금껏

taken on, / I haven't come at it / from a purely philosophical and political
마주했던   접근하지 않았어요   순전히 철학적이고 정치적인 관점에서만

perspective. // On one level / I am a very practically oriented physician /
    한편으로   저는 매우 실용적인 성향의 의사입니다

that's trying to solve problems / so that people can live. // On the other
문제를 해결하려고 애쓰는   사람들이 살 수 있도록   반면에

hand, / I never gave up my interest / in philosophy and politics / therefore
    저는 한 번도 저의 흥미를 포기하지 않았습니다   철학과 정치에 대한   그래서

I studied anthropology. // And so I am very interested / in the political and
인류학을 공부했습니다   그래서 저는 아주 관심이 많습니다   이러한 문제들의 정치적,

philosophical aspects of these problems. // But first and foremost, / I am
철학적인 측면에도   그러나 무엇보다   저는

oriented toward solving practical problems / and I hope I can bring that
실질적인 문제를 해결하려는 경향이 강하고   이러한 성향을 적용하길 원합니다

with me / to Dartmouth. // You know / there are gonna be a lot of practical
    다트머스에   아시다시피   실질적인 많은 문제점이 있을 겁니다

problems / we've got to solve. // There're gonna be people / with the huge,
    우리가 해결해야 하는   사람들이 있을 겁니다   거대하고,

broad range / of political and philosophical opinions / about how to do that. //
광범위한   정치적이고 철학적인 견해를 가진   이를 실천하는 방법에 관한

But the.. at the end of the day / we've got to solve problems, / we've got to
    그러나 결국에는   우리가 이러한 문제를 해결해야 하고   우리는 현실적이

be practical. // And we have to be focused / on the outcome. //
되어야 합니다   그리고 우리는 초점을 맞추어야 합니다   결과에

Further Study

발음팁

can't tell can't를 발음할 때는, [캐앤(트)]에서 [캐앤]을 약간 강하고, 길게 발음한다는 기분으로 발음해줘야 한다.

haven't [해븐(트)]라고 발음할 때, 이 단어는 부정어이니까 [해븐]을 강하고 분명하게 발음해줘야 한다.

went to 아마 [웬트 투]라고 발음하는 사람이 많을 것이다. 그렇게 발음하게 되면 완전 콩글리시이니까 그냥 [웬 투]라고 발음한다. 그래야 본토 발음이 나오니까.

level [레벨]은 우리끼리나 하는 발음이고 외국인을 만나서 이 단어를 사용해야 할 때는 [래블]로 발음해야 단박에 알아듣게 할 수 있다. 밑줄 친 부분에 강세가 없어 뒷모음이 [으]로 발음된다.

philosophy 많이 쓰이는 이 명사는 발음법에 약한 경우에 대부분 [필로소피]로 발음하기 쉽다. 그렇게 되면 빵점 발음이니까 [ㅍ+휠라서ㅍ+히]로 발음한다. 그렇게 발음해야 하는 이유는 ph는 [ㅍ+ㅎ] 발음이고, 첫 모음 I에 강세가 없으니까 [어]로 발음되어야 하고, 밑줄 친 두 번째 모음에 강세가 들어가 [아]로 발음되기 때문이다. * ㅍ+ㅎ(f)는 프(p) 발음과 구분하기 위한 표시임. 즉 p[ㅍ] 발음과 구별하기 위해 [ㅍ+ㅎ]라고 표기했다.

Useful Expressions

first and foremost 우선 무엇보다도

First and foremost, she needs to lose unwanted weight of 20 kilos within 6 months.
무엇보다도 그녀는 6개월 이내에 원하지 않는 체중 20킬로를 빼야 한다.

Writing Practice

1 얼마나 고마운지 정말로 말로는 표현할 수 없군요. (얼마나 고마운지 how grateful I am)

_____

2 그는 많은 실무 경험과 노하우를 가지고 있어서 많은 지지를 받고 있다. (광범위한 a broad range of)

_____

3 우리는 말과 행동을 조심해야 한다. (우리는 ~해야 한다 we've got to be ~)

_____

Answer 1. I really can't tell you how grateful I am.
2. He's received a broad range of support because of having plenty of work experience and knowhows.
3. We've got to be really cautious about the way we talk and behave.

2 About my wife, Dr. Younsook Lim

My wife, Younsook is a pediatrician. And she's also a specialist in quality improvement for.. quality improvement in services for children. She's also worked more [1]recently on a project in Africa in what she's been improving the care that children living with the HIV are getting. My wife will be working both as pediatrician and the Dartmouth Hitchcock Medical Center. But we also think she will be working with The Dartmouth Institute. Her specialty is the improvement of health care. And also with the Dickey center, its international programs. We've always been a two-career family. I [2]am very proud to say that her latest project was focused on improving the care of children in Rwanda. And she in fact traveled to Rwanda more than I did, to set up a program in which they were able to really pretty dramatically improve the care.

중요표현 해설

[1] recently는 t가 발음이 탈락되면서 [리슨트리]가 아니라 [뤼-슨리]로 발음된다.

[2] '자랑스럽게 여기다'의 의미로 proud를 사용하여 표현할 수 있는데, 전치사 of와 to 부정사 형태의 구문을 주로 취한다. 전치사 of를 가질 경우 목적격인 동명사가 자주 쓰이고, to 부정사는 여기서와 같이 동사의 원형을 가진다.

ex. I am proud of my son being elected as president. (아들이 대통령으로 선출되어 자랑스럽다.)

I am proud to say that my son has passed the tests. (저는 아들이 시험에 통과했다는 것이 정말 자랑스럽습니다.) → to say는 굳이 해석하지 않아도 되지만, '말하게 되어서' 정도의 의미로 볼 수 있다.

[참고] I am proud that my son has passed the tests. 라는 말도 사용이 되지만, 사실 I am proud of the fact that he has passed the tests.라고 해야 문법적으로 옳다.

내 아내가 하는 일

제 아내 연숙은 소아과 의사입니다. 그리고 그녀는 아동을 대상으로 하는 서비스 질 향상을 위해 일하는 전문가이기도 합니다. 또한 최근에는 에이즈에 감염된 채 살아가는 아이들이 받을 수 있는 치료 개선에 힘쓰는 아프리카의 한 프로젝트를 맡아 일하고 있습니다. 제 아내는 소아과 의사로서 다트머스 히치콕 병원에서도 일할 계획입니다. 그러나 우리는 또한 그녀가 다트머스 연구원에서도 일할 것으로 생각합니다. 그녀의 전공은 바로 의료 향상입니다. 그녀는 또한 디키 센터에서 자체 운영하는 국제 프로그램에서도 일하고 있습니다. 우리는 항상 맞벌이 가정이었습니다. 그녀가 최근에 맡은 프로젝트가 르완다 어린이들의 치료 향상에 초점을 두고 있다고 말하게 되어 저는 정말 자랑스럽습니다. 사실 그녀는 저보다 르완다를 더 많이 여행하며 프로그램을 만들고, 이를 통해 이들은 실질적으로 아동 치료에 상당한 진전을 보였습니다.

Words & Phrases

pediatrician[piːdiətríʃən]
소아과 의사

specialist[spéʃəlist]
전문의, 전문가 (= expert)

quality improvement
품질의 개선

HIV
에이즈 바이러스 (Human Immuno-deficiency Virus)

two-career family
맞벌이 가정 (= two-income family)

set up a program
프로그램을 짜다

pretty dramatically
꽤 상당하게

문장 구조

working both as pediatrician **and** the Dartmouth Hitchcock Medical Center
→ 'work both as A and B'는 'A이면서 B로도 일을 하다'의 의미이다.

ex. He has been *working both as* an instructor *and* writing some English books.
그는 강사로 일을 하면서 영어책도 써왔다.

And she in fact traveled to Rwanda more than I **did**, **to set up** a program **in which** they were able to really pretty dramatically improve the care.
→ did는 앞의 traveled를 받는 대동사이며, to set up의 to는 목적을 나타내고, which는 선행사로 a program을 받는 관계대명사인데, in과 합해져서 [전치사 + 관계 대명사 = 관계 부사]의 공식대로 관계부사 역할을 한다.

직독[청] 직해: 읽어가며[들어가며] 바로 이해하기 훈련

My wife, Younsook is a pediatrician. // And she's also a specialist / in quality
제 아내 연숙은 소아과 의사입니다   그리고 그녀는 전문가이기도 합니다

improvement for.. quality improvement / in services for children. // She's
질 향상에 있어서   아동을 위한 서비스의

also worked more recently / on a project in Africa / in what she's been
또한 최근에는 일하고 있습니다   아프리카의 한 프로젝트를 맡아   치료 개선에

improving the care / that children living with the HIV are getting. // My wife
힘쓰는   에이즈를 앓고 살아가는 아이들이 받고 있는   제 아내는

will be working / both as pediatrician and the Dartmouth Hitchcock Medical
일할 계획입니다   소아과 의사로서 다트머스 히치콕 병원에서

Center. // But we also think / she will be working / with The Dartmouth
          그러나 우리는 또한 생각합니다   그녀가 일할 것으로   다트머스 연구원에서

Institute. // Her specialty / is the improvement of health care. // And also with
            그녀의 전공은   바로 의료 향상입니다   그녀는 또한 디키

the Dickey center, / its international programs. // We've always been a two-
센터에서 일할 것입니다   자체 운영하는 국제 프로그램인   우리는 항상 맞벌이

career family. // I am very proud to say / that her latest project was focused /
가정이었습니다   저는 말하게 되어 정말 자랑스럽습니다   그녀가 최근에 맡은 프로젝트가 초점을 두고 있다는 것이

on improving the care of children in Rwanda. // And she in fact traveled to
르완다 아이들의 치료 향상에   사실 그녀는 르완다를 여행했습니다

Rwanda / more than I did, / to set up a program / in which they were able to
          저보다 더 많이   프로그램을 만들기 위해   이를 통해 이들은 실질적으로 아동 치료에

really pretty dramatically improve the care. //
상당한 진전을 보였습니다

Further Study

발음팁

quality 한국말처럼 많이 쓰이는 이 단어를 환상적으로 발음하려면 [쿠알러디]로 발음할 때, [쿠알]을 마치 한 음절처럼 한꺼번에 빨리 발음해주면 된다. 보통 [퀄리티]라고 발음하는데 그 발음은 그저 그런 C학점급 발음이다.

recently [리센틀리]로 발음하는 경우가 많은데, 그 발음은 빵~점 발음. 본토 발음을 내고 싶으면 강세를 첫 모음에 두고 [뤼-슨리]로 발음해야 한다.

career 강세를 뒤에다 두고 [커리어]로 발음해야 하는 거 다 아시죠?

set up 반드시 연음시켜야 자연스럽게 들린다. 이 두 단어를 두 단어 같이 [셋 엎]으로 발음하면 F학점 발음이니까 한 단어를 발음하는 기분으로 [쎄럾]으로 발음합시다. 그래야 미 아나운서 발음이 나오니까.

really 영어 강사들 포함해서, 영어 좀 하는 사람들도 [리얼리]라고 발음하는데 그러지 말고 그냥 [륄리]라고 발음해야 자연스러운 발음이다.

Useful Expressions

work both A and B A와 B로써 일을 하다
My father is *working both as* a teacher *and* a poet.
나의 아버지는 교사이면서 시인으로 일을 하고 계신다.

focus on ~ ~에 초점을 맞추다, ~에 집중하다
Help your child *focus on* positive goals.
자녀가 긍정적인 목표에 집중하도록 도와주세요.

more than I did 나보다 더 많이
My colleague earned money a lot *more than I did* last year.
내 동료는 작년에 나보다 (돈을) 훨씬 더 많이 벌었다.

Writing Practice

1 비록 우리가 맞벌이 가정이었지만 지출이 많아서 수지를 맞추기가 어려웠다.
(맞벌이 가정 two-career family (= two income family) / 많은 지출 many expenses / 수지를 맞추다 make both ends meet)

_____.

2 나는 내 아들이 대학을 우등으로 졸업했다고 말하게 되어 매우 자랑스럽다.
(~를 말하게 되어 자랑스럽다 I am very proud to say that ~)

_____.

Answer 1. Though we were a two-career family, it was really difficult to make both ends meet due to many expenses.
2. I am very proud to say that my son graduated from his university with honors.

3 I've been an athlete all my life.

I grew up in Iowa and spend most of my childhood really [1]being crazy about participating in a lot of sports. I played ball, mostly football, basketball, golf when I was in high school. And in college, I continued. played on the... it was a club team. It was a intercollegiate volleyball team. I played competitive volleyball well in my 30's. So I've been an athlete all my life. I still remember when I was a sophomore in high school. That year, we won 3 football games. And because in football, 30 young men in this case 30 of my teammates since we all felt we participated, it was the most extraordinary experience. I still remember it with great clarity. And it turns out that participation in team sports in college actually is a predictive factor for success in many [2]different parts of life. So, I think sports are important in many, many ways.

중요표현 해설

[1] crazy about은 우리말에 '~에 사족을 못 쓸 정도로 좋아하는'이란 뜻이다. 예를 들어 'I am crazy about dogs.'라면 '나는 개가 정말 좋아.'라는 의미다. 이와 비슷한 의미로 'I have a thing about dogs.'라는 표현도 자주 쓰이는데, 주의할 것은 문맥상 아주 좋아한다는 뜻도 되지만, 반대 의미도 된다.

   ex. I have a thing about cockroaches. (나는 바퀴벌레가 좀 그래)

[2] different는 [디퍼런트] 정도로 발음이 된다. t가 탈락이 되면서 아주 약하게 t 발음이 나는데, 거의 안 난다고 보면 된다. 발음을 할 때 주의할 사항은 t가 있는 경우와 없는 경우가 다르기 때문에 t 발음이 입에서 나오다 마는 듯 발음해야 한다. 바로 뒤에 따라 나오는 important의 경우 [인포-은트] 정도로 발음이 된다.

스포츠는 성공을 예견하는 요소

저는 아이오와에서 자라면서 열광적으로 여러 가지 스포츠 참여를 즐기며 대부분 어린 시절을 보냈습니다. 저는 고교 시절 구기 종목, 주로 미식축구, 농구, 골프를 했습니다. 대학에 들어와서도 운동을 계속했는데, 제가 소속된 팀은 대학연합 배구팀이었습니다. 저는 30대에 배구팀에서 운동을 했습니다. 제 삶 자체가 운동선수였습니다. 제가 고등학교 2학년 때를 아직도 기억합니다. 그 해에, 저희는 미식축구를 세 차례 우승했습니다. 그리고 미식축구에선 30명의 젊은이들이, 이 경우 30명의 저의 팀 동료들 모두가 경기에 임한다는 느낌을 받았기 때문에 그것은 아주 특별한 경험이었습니다. 그 경험을 아직도 분명히 기억합니다. 그리고 대학 팀 스포츠에 참여하는 것은 사실 인생의 여러 다른 영역에서도 성공할 수 있다는 것을 예견하는 요소이더군요. 그래서 저는 운동이 여러 가지 면에서 중요하다고 생각합니다.

Words & Phrases

be crazy about ~
~를 광장히[미칠 정도로] 좋아하다

intercollegiate
[intərkəlíːdʒiət]
대학연합(의)

competitive volleyball
[kəmpétətiv]
배구 경기[시합]

athlete [ǽθliːt]
운동[체육] 선수

all my life
평생 동안
(= during my whole life)

extraordinary
[ikstrɔ́ːrdənèri]
광장한, 특별한

with great clarity
[klǽrəti]
아주 분명[명확]하게

turn out
밝혀지다 (= prove out to)

predictive factor
[pridíktiv]
예견하는 요소

문장 구조

It turns out that ~

→ 'that 이하로 결국 드러나다'의 의미인데, 'It proves out that ~'으로도 사용할 수 있다.

    ex. *It turned out that* **the rumor is wrong.**
        그 소문은 결국 거짓임이 드러났다.

직독[청] 직해: 읽어가며[들어가며] 바로 이해하기 훈련

I grew up in Iowa / and spent most of my childhood / really being crazy / about
저는 아이오와에서 자랐고   대부분의 어린 시절을 보냈습니다   열광하면서

participating in a lot of sports. // I played ball, mostly football, basketball,
여러 가지 스포츠에 참여하는 것에   저는 구기 종목, 주로 미식축구, 농구, 골프를 했습니다

golf / when I was in high school. // And in college, / I continued played on
고교 시절에   그리고 대학에선   클럽 소속팀에서 계속

the... it was a club team. // It was a intercollegiate volleyball team. // I played
활동했습니다   그것은 대학연합 배구팀이었습니다   저는

competitive volleyball well / in my 30's. // So I've been an athlete / all my life.
배구팀에서 운동을 했습니다   30대에는   그래서 저는 운동선수였습니다   평생

// I still remember / when I was a sophomore in high school. // That year, /
저는 아직도 기억합니다   저의 고등학교 2학년 시절이   그 해에

we won 3 football games. // And because in football, / 30 young men in this
저희는 미식축구를 세 차례 우승했습니다   왜냐하면 미식축구에선   30명의 젊은이들이,

case 30 of my teammates / since we all felt we participated, / it was the most
이 경우 30명의 팀 동료들이   모두 경기에 임한다는 느낌을 받았기 때문입니다   그것은 실로 대단한

extraordinary experience. // I still remember it / with great clarity. // And it
경험이었습니다   저는 아직도 이것을 기억합니다   아주 분명히   그리고

turns out / that participation in team sports in college / actually is a predictive
밝혀졌습니다   대학 팀 스포츠에 참여한다는 것은   사실상 성공을 예견하는

factor for success / in many different parts of life. // So, I think / sports are
요소이더군요   인생의 여러 다른 영역에서   그래서, 저는 생각합니다   운동이

important / in many, many ways.//
중요하다고   여러 가지 면에서

Further Study

발음팁

a lot of 누구나 다 아는 '많은'이라는 뜻인데, 보통 콩글리시로 [어 랏 오브] 또는 [어 랏 어브]로 발음하는데 그렇게 하지 말고 [(어)라러] 정도로 발음해줘야 좋은 발음이라고 말할 수 있다. a는 그냥 (어) 발음을 내려고 폼만 잡고 내지 않는 게 좋고, lot of는 연음시키면서 [라러]로만 발음하고 of의 f 발음은 거의 안 하는 게 좋다. 결론, 그냥 [라러]로 발음하세요.

volleyball 강세를 앞에 두고 [발리볼]로 발음해야 한다. [볼리볼]은 우리 한국식 발음이다. 일반적으로 모음 o에 강세가 들어갈 때 [아]로 발음해줘야 자연스럽다.

athlete 강세를 앞에 두고 [애쓰+뜰릿]으로 발음해야 하는데 th가 번데기 발음이라 신경을 좀 쓰면서 발음해야 한다.

participate [파티시페이트]로 발음하는 학생들을 많이 봐왔는데 강세가 두 번째 모음에 있으니까 [퍼티시페잍]으로 발음해줘야 한다.

extraordinary 이 단어는 한 단어이지만 두 단어를 발음하는 기분으로 [액스트러 오디내리]로 발음하는 것도 하나의 요령이다.

Useful Expressions

be crazy about ~ ~를 열렬하게 미친 듯이 좋아하다

Teenagers these days *are crazy about* computer games.
요즈음 10대들은 컴퓨터 오락을 너무 좋아한다.

participate in ~ ~에 참여하다

Did you *participate in* any of the extracurricular activities while in school?
학교 재학 시 어떤 과외활동에 참여한 적이 있습니까?

Writing Practice

1 내 평생 한 번도 그런 끔찍한 것을 본 적이 없다. (평생 동안 all my life (= during my whole life))

   _____.

   그녀의 말은 평생 동안 절대 잊지 못한다.

   _____.

2 그는 그 문제를 아주 분명하게 설명했다. (아주 분명하게 with great clarity)

   _____.

3 약 15년 전 서울로 이사하기 전에 나는 고향에서 대부분의 유년기 시절을 보냈다.
   (대부분의 유년기를 보내다 spend most of my childhood)

   _____.

Answer 1. Never in all my life have I seen such a horrible thing.
Her words have lived with me all my life.
2. He explained the problem with great clarity.
3. I spent most of my childhood in my hometown before moving to Seoul about 15 years ago.

4 Born in Korea (1)

My mother and father met in New York city in a party for all the Koreans in the United States [1] at that time. There were a few hundred. This was in 1950's. They met, they married in New York city and my older brother was [2] actually born in New York city. And then we went back to Korea. I was born, my sister was born. And then because of the political unrest, it was a very difficult time in Korea in the early 1960's.

중요표현 해설

[1] at that time은 at the time과 거의 비슷한 표현이지만, 이미 언급한 먼 과거의 특정 시기를 강조해서 언급하고자 할 때 at that time이라고 표현한다. 구어와 문어체 모두에서 자주 쓰이는 표현으로 back then이 있다.

  ex. She was such a beauty back then. (그녀는 그 당시 아주 아름다웠지)

[2] actually는 앞에서 전개된 내용과 대조되는 의미를 전달할 때 쓰는 강조부사이다. 본문에서 부모님이 뉴욕에서 태어났다고 말했지만(but), 본인은 한국에서 태어났기에 actually를 쓰고 있는 것이다. 우리말에 '실은' 정도로 해석하면 된다.

다섯 살 때 이민 오다

저의 어머니와 아버지는 그 당시 미국에 살던 모든 한국인들이 참석한 뉴욕의 한 파티에서 만났습니다. 몇 백 명은 되었지요. 그때가 1950년대였습니다. 부모님은 뉴욕에서 만나 결혼을 했고, 저의 큰 형은 뉴욕에서 태어났습니다. 그리곤 저희는 한국으로 다시 돌아왔습니다. 저와 제 여동생은 한국에서 태어났습니다. 당시 정치적 불안정으로 인해 1960대 초 한국은 상당히 힘든 시기였습니다.

Words & Phrases

in 1950's
1950년대에 (in 다음에 the가 들어가는 것이 문법적임)

political unrest
[pəlítikəl] [ʌnrest]
정치적 불안정[소요]

문장 구조

They **met**, they **married** in New York city and my older brother was actually born in New York city... I **was** born, my sister **was** born.

→ 앞 뒤의 형태나 품사가 같아야 하는 병렬원칙에서, 과거 시제의 병렬원칙으로 문장이 쓰여 있다.

직독[청] 직해: 읽어가며[들어가며] 바로 이해하기 훈련

My mother and father met / in New York city in a party / for all the Koreans /
저의 어머니와 아버지는 만났습니다   뉴욕의 한 파티에서   모든 한국인들이 참석한

in the United States at that time. // There were a few hundred. // This was in
그 당시 미국에 살던   몇 백 명은 되었지요   그때가 1950년

1950's. // They met, / they married in New York city / and my older brother
대였습니다 부모님은 만나서   뉴욕에서 결혼을 했고   저의 큰 형은 실제로

was actually born / in New York city. // And then we went back to Korea. // I
태어났습니다   뉴욕에서   그리곤 저희는 한국으로 다시 돌아왔습니다

was born, / my sister was born. // And then because of the political unrest, / it
제가 태어났고 제 여동생도 태어났습니다   당시 정치적 불안정으로 인해

was a very difficult time in Korea / in the early 1960's. //
한국은 상당히 힘든 시기였습니다   1960년대 초에는

Further Study

발음팁

met 이 단어를 발음할 때는 [멭] 발음을 짧게 내야 하고, mat(돗자리)를 발음할 때는 [매앹]이라고 발음해서 약간 장음으로 발음해준다.

married 규칙동사의 과거를 만들어주는 ed는 아주 약하게 발음해야 한다. 특히 문장 속에서는 ed를 거의 무시하고 지나가는 것이 좋다.

city 이 단어는 [씨티], [씨디], [씨리] 세 발음 다 오케이인데 내가 추천하는 발음은 가운데 발음인 [씨디].

it was 연음시켜 [이롸즈]처럼 발음해줘야 자연스럽다. 연음시키지 않고 [이트 와즈]라고 발음하면 아주 어색하게 들린다.

very bury(매장하다)라는 단어와 구분해서 [붸(어)리]로 발음해야 한다.

Useful Expressions

It was a very difficult time 아주 어려울 때였다
It was a very difficult time in Korea economically shortly after the Korean War ended.
한국 전쟁이 있은 직후에 한국은 경제적으로 아주 어려운 시기였다.

in the early 1960's 1960년대 초에
The Cubans came to the Unites States in swarms of thousands *in the early 1960's*.
쿠바인들은 1960년도 초기에 수천 명씩 떼를 지어 미국으로 왔다.

Writing Practice

1 몇몇 사람들은 내가 서울 토박이라고 말하지만, 사실 나는 한 외딴 시골 마을에서 태어났다.
(토박이이다 be a native of ~ /사실 ~에서 태어난 actually born in ~)
_____.

2 몇몇 유럽 나라들에는 국가부도 사태와 정치인들의 부정부패로 인해 사회적, 정치적 불안이 팽배하다.
(국가부도 사태 national bankruptcy /부정부패 corruption /정치적 불안, 소요 political unrest)
_____.

Answer 1. Some people say I am a native of Seoul, but I was actually born in a remote rural village. 2. Social and political unrest is rampant on some European countries due to the national bankruptcy and the corruption of politicians.

4 Born in Korea (2)

My parents decided to come to the United States and [1]raised us here because of the chances we would have education and otherwise. I came here when I was 5 years old. And we moved down to Dallas, Texas. We moved there because my father, even though he was one of the most respected dentists in Korea, had to go through this entire dental education again so he can practice here in the United States. After that, we moved to Iowa. I grew up for most of my childhood in Iowa from second grade [2]all the way through my first year in college. I lived in Iowa. And now of course I will bleed green from every vein, but I've been a fan of the Iowa Hawkeyes in followed Iowa sports for all these years. So, here we were Korean family living in Iowa, but my upbringing was really deeply American. [3]I didn't learn to speak Korean again until graduate school. I went back to do my [4]anthropological research in Korea, because I wanted to learn how to speak Korean. So now I speak three languages, English, Korean, and Spanish, and I feel that I'm well prepared for the experience in Hanover. I grew up in Iowa.

중요표현 해설

[1] raised us는 [레이-즈더스]로 연음된다.

[2] all을 잘 사용하면 전달하고자 하는 내용의 강약을 조절할 수 있다. 본문에서 'all the way through'는 '~까지 줄곧'이라는 의미로 대부분의 어린 시절을 아이오와에서 보냈다는 것을 강조하고 있다. 다른 예로 'After all those years we have spent together, is this what I got?'이라고 하면, '우리가 함께 보낸 그 많은 시간 후에 내가 얻는 것이 이거란 말이야?'의 뜻이다.

[3] 대부분 사람들이 착각하는 사항 중 하나는 문법을 딱딱한 문어체를 위한 공부라고 생각하는데, 사실 문법이 잘 갖추어져 있지 않은 사람은 구어체도 잘 할 수가 없다. 대표적인 예로 본문에 'not ~ until' 구문이 활용되고 있다. 'not A until B'는 'B하고서야 A하게 되다'의 의미이다.

ex. I didn't know a thing about your mom until I got into college. (대학에 가서야 네 엄마에 대해서 알게 되었지)

[4] '인류학의(anthropological)' 단어의 강세는 중간 강세가 첫 번째 음절인 'an'에 있고, 센 강세가 네 번째 음절인 'lo'에 있다. 그렇다보니, 'thropo'의 발음이 약해지는데 일반적으로 'thorpo'로 되어 [써-포]로 발음된다. 전체 발음은 [앤써-포라직컬]로 들린다.

다섯 살 때 이민 오다

저의 부모님은 다시 미국으로 오기로 결정을 하시고, 저희가 받을 수 있는 교육 등의 기회 때문에 여기서 저희를 기르셨습니다. 저는 5살 때 여기에 왔습니다. 그리고 우리는 텍사스의 댈러스로 이사를 했습니다. 이사를 한 이유는, 아버지는 비록 한국에서 가장 존경받는 의사이셨지만, 여기 미국에서 의사 일을 할 수 있기 위해서는 다시 치과 교육과정을 모두 밟으셔야 했기 때문이었습니다. 과정을 모두 마치고, 저희는 다시 아이오와로 돌아갔습니다. 저는 초등 2학년부터 대학 1학년까지 줄곧 아이오와에서 대부분의 어린 시절을 보내며 자랐습니다. 물론 이제 저는 녹색 유니폼을 입은 팀을 응원할 것입니다. 그러나 저는 지금까지 수년 동안 계속된 스포츠 경기에서 아이오와 주의 Iowa Hawkeyes의 팬이었습니다. 그래서 저희는 한국 가족으로 Iowa에 살고 있습니다. 그러나 저의 양육 과정은 아주 미국적이었죠. 저는 대학원에 가서야 한국어 말하기를 배웠습니다. 저는 한국에서 인류학 연구를 하려고 다시 갔는데, 이는 제가 한국어를 배우고 싶었기 때문이었습니다. 그래서 저는 지금 영어, 한국어 그리고 스페인어 등 3개 언어를 구사하고, 제가 하노버에서 할 경험에 대한 준비가 잘 되어 있다고 생각합니다. 저는 아이오와에서 자랐습니다.

Words & Phrases

raise[reiz]
기르다, 양육하다
(= rear, educate)

chance
기회 (= opportunity); 가능성

otherwise[ʌ́ðərwàiz]
그와는 달리[다르게]

respected
존경을 받는 (= revered)

go through
(고통이나 어려운 시기를) 참고 견디다, 극복하다

all the way through my first year
1학년이 될 때까지 줄곧

bleed green from every vein
녹색 유니폼을 입은 팀(아이오와 팀)을 응원하다 (Iowa 팀의 유니폼이 초록색으로 미국 원어민들이 자주 사용함.)

upbringing[ʌ́pbrìŋiŋ]
교육, 양육 (= education)

anthropological
[æ̀nθrəpəlɑ́dʒikəl]
research[risə́ːrtʃ]
인류학 연구

문장 구조

I grew up for most of my childhood in Iowa from second grade **all the way through** my first year in college.
→ 'all the way through'는 '~까지 줄곧, 쭉'이란 뜻으로, 지금은 '2학년에서 대학교 1학년까지 쭉 어린 시절을 Iowa에서 보냈다'는 뜻이다.

I feel that I'm well prepared for the experience in Hanover.
→ 'I feel that I'm well prepared for ~'는 '나는 ~에 대한 대비가 잘 되어 있다고 생각한다'의 뜻이며 전체 문장을 보면, '내가 하노버에서 겪게 될 경험에 대한 대비가 잘 되어 있다'의 의미이다. that은 동사 뒤에 오기 때문에 접속사로 쓰이고 있다.

직독[청] 직해: 읽어가며[들어가며] 바로 이해하기 훈련

My parents decided / to come to the United States / and raised us here /
저의 부모님은 결정하셨습니다   미국으로 오기로   여기서 저희를 기르셨습니다

because of the chances / we would have education and otherwise. // I came
        기회 때문에   저희가 받을 수 있는 교육 등의   저는 여기에

here / when I was 5 years old. // And we moved down to Dallas, Texas. //
왔습니다   제가 5살 때   그리고 우리는 텍사스의 댈러스로 이사를 했습니다

We moved there / because my father, / even though he was one of the most
우리는 그곳으로 이사했습니다   아버지 때문에   아버지는 비록 한국에서 가장

respected dentists in Korea, / had to go through this entire dental education
   존경받는 치과의사이셨지만   다시 치과 교육과정을 모두 밟으셔야 했습니다

again / so he can practice here in the United States. // After that, / we moved
돌아갔습니다 미국에서 의사 일을 할 수 있기 위해서는   그 후   저희는 다시 아이오와로

to Iowa. // I grew up / for most of my childhood in Iowa / from second grade /
돌아갔습니다   저는 자랐습니다   대부분의 어린 시절을 아이오와에서 보내며   (초등) 2학년부터

all the way through my first year in college. // I lived in Iowa. // And now
              대학 1학년까지 줄곧   저는 아이오와에서 살았습니다   물론 이제

of course / I will bleed green from every vein, / but I've been a fan / of the
             저는 녹색 유니폼을 입은 팀을 응원할 것입니다   그러나 저는 팬이었습니다

Iowa Hawkeyes / in followed Iowa sports for all these years., / So, here we
 Iowa Hawkeyes의   아이오와의 수년 동안 계속된 스포츠 경기에서   그래서 저희는

were Korean family / living in Iowa, / but my upbringing was really deeply
  한국 가족으로   Iowa에 살고 있습니다   하지만 저의 양육 과정은 아주 미국적이었죠

American. // I didn't learn / to speak Korean again / until graduate school. // I
                 저는 배우지 못했습니다   다시 한국어 말하기를   대학원까지는   저는

went back / to do my anthropological research in Korea, / because I wanted
다시 갔습니다   한국에서 인류학 연구를 하려고   제가 배우고 싶었기

to learn / how to speak Korean. // So now I speak three languages, / English,
때문이었습니다 한국말 하는 법을   그래서 지금 저는 3개 언어를 구사하는데   영어,

Korean, and Spanish, / and I feel / that I'm well prepared / for the experience
한국어 그리고 스페인어이며   저는 생각합니다   대비가 잘 되어 있다고   제가 하노버에서 겪게 될

in Hanover. // I grew up in Iowa.//
 경험에 대한   저는 아이오와에서 자랐습니다

Further Study

발음팁

would [우드]라고 끝자음 d를 발음해버리면 콩글리시가 되니까 d를 받침으로 넣어 [욷]으로 발음해줘야 한다.

dentist [덴티스트]로 발음하면 알아듣기 쉬운데 많은 미국인들이 [데니스(트)]로 발음하기도 하니까 nt가 모음과 모음 사이에서 이어지는 모음에 강세가 없으면 격음 t를 발음하지 않는 유화 현상에 주의해야 한다.

second grade 이걸 [세컨드 그레이드]로 발음하면 F학점급 발음이니까 두 단어의 끝자음을 거의 죽이고 [쌔컨(드) 그레이(드)]로 발음해줘야 한다.

Hawkeyes 아무리 영어를 잘해도 이와 같은 고유명사는 정확하게 발음하기 힘들다. 따라서 지명과 같은 고유명사 발음은 그때그때 정확한 발음을 알아두려고 노력하는 자세가 중요하다.

learn '배우다'라는 이 단어는 그냥 [런]으로 발음해주면 되고, run(뛰다)은 혀를 꼬부리는 기분으로 [뤈]으로 발음해줘야 두 단어의 발음이 구분된다. learn을 정확하게 발음하는 요령은 소리 안 나게 (을)을 발음하려는 입모양을 취하고 있다가 [런]이라고 발음하면 되는데 문장 속에서는 그냥 [런]이라고만 발음해줘도 된다.

Useful Expressions

the chances 가능성

The chances are 50:50. 가능성은 반반이야.

move down to ~ ~에까지 내려오다, ~로 이사해 내려오다

He had *moved down to* the southern island of Jeju where he led a fisherman's life.
그는 서울에서 멀리 남쪽 제주도까지 내려와서 어부의 삶을 살았다.

go through (고통이나 어려운 시기를) 참고 견디다, 극복하다

People are determined to *go through* this national trial.
국민들은 이 국가적 시련을 이겨낼 각오가 되어 있다.

They went through an ordeal that we don't want anyone to *go through*.
그들은 누구도 겪고 싶지 않은 시련을 견디어냈다.

Writing Practice

1 나는 내일 시험 준비가 잘 되어 있다. (준비가 잘 되어있는 well prepared for)

_____.

2 저는 고교 시절 내내 반에서 1등을 했습니다.
(~까지 줄곧, 쭉 all the way through / 1등하다 get[take] first place)

_____.

Answer 1. I'm well prepared for the exam tomorrow.
2. I have got first place in my class all the way through high school.

5 Teaching and Mentoring

For me, interaction with young people, teaching, mentoring, is just enjoyable. It is very difficult to walk away from a group of young people talking about how it is that they want to change the world and not be yourself a little bit invigorated. And, in fact, remoralized I would call it. It gives you a sense that the world is a moral place and that excitement and energy and enthusiasm to change it is really what makes the world go around. So, I [1]get a lot from being around young people. It's a selfish thing in a way. But also, I've learned that whatever an individual can do on their own really pales in comparison to the impact that you can have if you effectively mentor others. I have been very lucky in my life. I have a lot of mentors. My mentors are some of the great figures in medicine — social medicine, anthropology — some of the great figures of the last 20 or 30 years. And I made it a point to be mentored by them. There are a lot of people who don't know how to be mentored. I think I've been good at being mentored and seeking out people to mentor me, and the flip side of that of course is that I've really enjoyed being able to work with young people.

중요표현 해설

[1] get, make, go, do와 같은 기본동사는 그 의미가 고정되어 있지 않다. 문맥에 따라 의미가 달라지기 때문에 상황에 맞게 해석하는 것이 중요하며, 특히 이런 기본동사는 특정 표현과 함께 말뭉치(collocation)를 형성하기 때문에 이 경우 표현 자체를 덩어리로 외우도록 한다.

① get을 활용한 예문
1) Teachers get a lot from students. (get = learn) 선생은 학생에게 배우는 것이 많다.
2) I got good grades on the test. (get = received) 나는 시험에서 좋은 성적을 받았다.
3) I don't get it. (get = understand) 이해가 안 가.

② make를 활용한 예문
1) I will make it. (make it = make a success) 난 성공할 거야.
2) Finally I made it to the party. 마침내 나는 무사히 파티에 도착했다. (make it to 장소 ~장소에 무사히 가다)
3) I can't make out what he is saying. (make out = understand) 그가 말하는 것이 이해가 안 가.

③ go를 활용한 예문
1) The leftovers went bad. (go = become) 남은 음식이 상했어.
2) He's been going after the goal that he set when he was 10. (go after = pursue) 그는 10살 때 세운 목표를 계속해서 추구하고 있어.
3) The rumor has been going about that he is actually Tom's boy. (go about = spread) 그가 실제 탐의 아들이라는 소문이 돌고 있어.

위대한 조언자들

저의 경우 젊은 사람들과 대화하고, 가르치고, 조언하는 것 자체가 정말 즐겁습니다. 세상을 바꾸고 싶어하면서도 약간은 의기소침한 자신에 대해 말하는 젊은이들을 멀리하는 게 정말 어렵습니다. 사실상 저는 이것을 '윤리성 회복'이라고 부르고 싶군요. 이를 통해 세상은 도덕적인 장소이며, 세상을 바꾸려는 활기, 에너지 그리고 열정이 실제로 세상을 움직이는 원동력임을 알게 됩니다. 그래서 저는 젊은 사람들 주위에 있으면서 많은 것을 배웁니다. 어떤 면에서 이기적인 것이죠. 그러나 또한 저는 한 개인이 스스로 할 수 있는 일이 무엇이든 그것은 만약 당신이 효과적으로 다른 이에게 조언을 줄 수 있을 경우 당신이 미칠 수 있는 영향력과 비교해 아주 미약하다는 것을 알게 되었습니다. 저는 살면서 운이 참 좋았습니다. 저에게는 많은 조언자가 있습니다. 저의 조언자로는 의학 즉, 사회 의학과 인류학 분야에서 위대한 인물 중 몇 분이 계신데, 몇몇 분은 지난 2, 30년 내 가장 훌륭한 인물들이시죠. 그리고 저는 이들에게서 조언을 반드시 받기로 했지요. 조언을 어떻게 받을지 모르는 사람들도 많이 있습니다. 저는 조언을 잘 받기도 하고 저를 조언해 줄 사람을 잘 찾는 데도 뛰어나다고 생각합니다. 물론 다른 한편으로는 젊은이들과 함께 일하는 것도 정말 즐긴다는 점입니다.

Words & Phrases

interaction
상호 작용, 소통

mentoring[méntəriŋ]
멘토링(경험이나 지식이 풍부한 사람이 1:1로 지도와 조언을 하는 것)

walk away from ~
~에서 멀어지다, 떠나다

a little bit invigorated
[invígərèitid]
약간은 의기소침한

remoralized 재교화된
[rimɔ́ːrəlàizd]

pale in comparison
[peil] [kəmpǽrisn]
~와 비교해서 미약하다, ~에 비해 못하다

impact[ímpækt]
영향력 (= influence, effect)

mentor[méntɔːr]
조언자 (= advisor)

social medicine
사회 의학

anthropology 인류학
[æ̀nθrəpɑ́lədʒi]

seek out people
사람들을 찾아내다[골라내다]

flip side
(생각·행동 등의) 다른 면[이면]

문장 구조

It gives you a sense that ~
→ '~를 여러분에게 알려주다'의 뜻으로, that 다음에는 주어와 동사가 있는 절이 따라온다.

I made it a point to ~
→ '꼭, 반드시 ~하다'의 뜻으로, to 뒤에는 ㄴ동사원형이 따라온다.

직독[청] 직해: 읽어가며[들어가며] 바로 이해하기 훈련

For me, / interaction with young people, teaching, mentoring, / is just
저의 경우   젊은 사람들과 대화하고, 가르치고, 조언하는 것 자체가   정말

enjoyable. // It is very difficult to walk away / from a group of young people / talking
즐겁습니다   멀리하는 것이 아주 어렵습니다   젊은 사람들과

about how it is that they want to change the world / and not be yourself a
자신이 세상을 바꾸고 싶어하는 게 어떤지 이야기하지만   그러면서도 약간은

little bit invigorated. // And, in fact, / remoralized I would call it. // It gives you
의기소침해하는   사실   저는 이것을 '윤리성 회복'이라고 부르고 싶군요   이것은 여러분에게

a sense / that the world is a moral place / and that excitement and energy
알려줍니다   세상은 도덕적인 장소이며   세상을 바꾸려는 활기, 에너지 그리고

and enthusiasm to change it / is really what makes the world go around. //
열정이   실제로 세상을 움직이는 원동력임을

So, I get a lot / from being around young people. // It's a selfish thing / in a
그래서 저는 많은 것을 배웁니다   젊은 사람들 주위에 있으면서   이기적인 것이죠   어떤

way. // But also, I've learned / that whatever an individual can do / on their
면에서   그러나 또한 저는 알게 되었습니다   한 개인이 할 수 있는 일이 무엇이든   스스로

own / really pales in comparison / to the impact that you can have / if you
비교해서 아주 미약하다는 것을   당신이 미칠 수 있는 영향력과   만약 당신이

effectively mentor others. // I have been very lucky / in my life. // I have a
효과적으로 다른 이에게 조언을 줄 수 있다면   저는 운이 참 좋았습니다   살면서   저에게는

lot of mentors. // My mentors are some of the great figures / in medicine —
많은 조언자가 있습니다   저의 조언자 중에는 위대한 인물 몇 분이 계신데   의학 즉,

social medicine, anthropology — / some of the great figures of the last 20 or
사회 의학, 인류학 분야에서   몇몇 분은 지난 20, 30년 동안 가장 위대한 인물이죠

30 years. // And I made it a point / to be mentored by them. // There are a lot
그리고 저는 반드시 했죠   이들에게서 조언을 받기로   사람들도 많이

of people / who don't know / how to be mentored. // I think I've been good / at
있습니다   모르는   조언을 어떻게 받을지   저는 제가 뛰어나다고 생각합니다

being mentored / and seeking out people to mentor me, / and the flip side of
조언을 잘 받기도 하고   저를 조언해 줄 사람을 잘 찾는 데   다른 한편으로는

that / of course / is that I've really enjoyed / being able to work / with young
물론   저는 정말 즐긴다는 점입니다   일하는 것도   젊은이들과 함께

people. //

40

Further Study

발음팁

selfish thing   sh와 th가 만나면서 sh 발음 [쉬]가 약하게 발음된다.

have been   ve와 be가 유사발음이니까 앞의 ve는 하는 둥 마는 둥 발음된다.

made it a   세 단어를 연음시켜 한꺼번에 발음하는 기분으로 [메이디러]처럼 발음해야지 또박또박 [메이드 이트 어]로 발음하면 콩글리시 챔피언감이다.

good at   이 두 단어 역시 연음시켜 [구랟] 같이 발음해야 자연스런 발음이 된다. 이것 역시 또박또박 [굳 앹] 같이 발음하면 어색한 발음이 되어버린다.

side of   연음되면서 [싸이러(브)] 같이 발음해야 자연스럽다. 만일에 연음을 안 시키고 [싸이드 어브]로 발음하면 듣는 사람의 입장에서는 아주 뻑뻑하게 들린다.

Useful Expressions

what makes the world go around   세상을 움직이는 원동력인

Love really is *what makes the world go round*.
사랑은 실질적으로 세상을 움직이는 원동력이다.

in a way   어떠한 면에서는

In a way it was one of our biggest mistakes.
어떤 면에서는, 그것이 우리의 최대 실수 중 하나였다.

In a way, what he says is not wrong.
어떤 면에서는, 그의 말이 틀리지 않아.

Writing Practice

1   어떻게 날 버리고 떠날 수 있나요?
     (~에서 떠나다, 멀어지다 walk away from ~)

     _____.

2   작은 성공일지라도 성취감을 준다.
     (~한 기분이 들게 하다 It gives you a sense of[that] ~)

     _____.

Answer 1. How can you just walk away from me?
2. Even a small success gives you a sense of achievement.

6 Finding your passion

More than anything else, what I tell young people, is first of all, [1]you've got to find that thing about which you're passionate. It might be literature. It might be medicine. It might be law. Whatever it is that you want to take on. Find out about what you're passionate. And then really understand what your greatest aspirations are in achieving something that will that will be lasting in that particular area of your passion. And then [2]I do everything I can to equip them with everything they need to reach those aspirations. You can't imagine a better... I can't imagine a better job than that. And when I'm interacting with young people and teaching them, I [3]kind of wonder, my gosh, are they really paying me to do this?

중요표현 해설

[1] have to 또는 must의 구어적 표현으로 발음할 때는 대부분 'gotta'로 하지만, 쓸 때는 ''ve got to'로 쓴다.

[2] 학교에서 배운 문법에 맞추어 영어를 하면 구어체 영어를 딱딱하게 할 수밖에 없다. 일반적으로 생략 가능한 관계대명사는 쓰지 않도록 한다. 본문에서 삽입절로 들어간 I can 앞에 that을 넣지 않는다. 예를 들면, 'I do everything (that I can) to equip them with..'로 말하지 않고 있다.

[3] 회화체에서 주로 볼 수 있는 표현인데, 사실 kind of를 남발하는 것은 You know를 자주 사용해 다소 배우지 못한 사람의 이미지를 풍기기도 하기에 주의해야 한다. 하지만, 정도를 나타내는 표현으로 kind of를 활용하기도 하고, 말의 템포를 조절하면서 자신이 앞으로 할 말을 정리를 하는 시간별이용으로 활용이 되기도 하기에 대화를 좀 더 매끄럽게 연결시켜주는 역할도 한다. 본문에선 'to a moderate degree' 또는 'somewhat'의 의미로 쓰이고 있다. 예를 들어 'I'm feeling kind of sick.'이라 하면 '난 좀(약간) 아픈 것 같아.'라는 뜻이다. 연음이 되어 [카이너] 정도로 발음된다.

열정을 찾아서

다른 무엇보다, 제가 젊은이들에게 하는 말은 우선 열정적으로 할 수 있는 것을 찾아야 한다는 점입니다. 이것이 문학일 수도 있고, 이것이 의학일 수도 있으며, 이것이 법일 수도 있습니다. 한번 부딪혀 보고 싶은 것이면 무엇이든 됩니다. 열정을 가지고 할 수 있는 것을 찾아야 합니다. 그리고 그런 다음 여러분이 열정을 보이는 그 특정 분야에서 지속될 수 있는 뭔가를 성취하는 데 있어 여러분의 가장 큰 열망이 무엇인지를 아셔야 합니다. 그리고서 저는 이들이 이러한 열망에 도달하는 데 필요한 모든 것을 갖출 수 있도록 최선을 다합니다. 저는 이보다 더 나은 일을 상상할 수 없습니다. 그리고 제가 젊은이들과 대화하고, 가르치면서 저는 '세상에, 내가 이런 일을 한다고 이 사람들이 돈을 낸단 말인가?'라고 생각하기도 합니다.

Words & Phrases

passionate[pǽʃənət]
열정적인

literature[lítərətʃər]
문학

aspiration[æspəréiʃən]
야망, 포부

lasting[lǽstiŋ]
지속적인

equip[ikwíp] **A with B**
A에게 B를 갖추게 하다

interact[íntərækt] **with ~**
~와 소통[교통]하다
(= communicate with ~)

kind of wonder[wʌ́ndər]
일종의 의아심

my gosh[gaʃ]
맙소사, 어이쿠(일종의 감탄사)

문장 구조

And then really understand **what** your greatest aspirations are in achieving something that will **that** will be lasting in that particular area of your passion.

→ 이 문장에서의 what은 의문사, that은 something을 선행사로 받는 관계대명사로 사용되었다. then 다음에는 you가 생략이 되어있고, 연설문에 흔히 나타나는 현상으로 that will을 중복해서 발음하고 있다.

직독[청] 직해: 읽어가며[들어가며] 바로 이해하기 훈련

More than anything else, / what I tell young people, / is first of all, / you've
다른 무엇보다도　　　　제가 젊은이들에게 하는 말은　　　　우선　　　여러분이

got to find / that thing about which you're passionate. // It might be
찾아야 한다는 것입니다　　여러분이 열정적으로 할 수 있는 것을　　　　이것이 문학일수도

literature. // It might be medicine. // It might be law. // Whatever it is / that you
있고　　　이것이 의학일 수도 있으며　　이것이 법일 수도 있습니다　무엇이든 됩니다　　한번

want to take on. // Find out / about what you're passionate. // And then really
부딪혀보고 싶은 것이면　찾으십시오　열정을 가지고 할 수 있는 것을　　　　그런 다음 아셔야

understand / what your greatest aspirations are / in achieving something /
합니다　　　여러분의 가장 큰 열망이 무엇인지를　　　뭔가를 성취하는 데 있어서

that will that will be lasting / in that particular area of your passion. // And
지속될 수 있는　　　　여러분이 열정을 보이는 그 특정 분야에서　　그리고서

then I do everything I can / to equip them with everything they need / to
저는 최선을 다합니다　　　　이들이 필요한 모든 것을 갖출 수 있도록

reach those aspirations. // You can't imagine a better... I can't imagine a better
이러한 열망에 도달하는 데　　　　더 나은 일을 상상할 수 없습니다

job / than that. // And when I'm interacting with young people and teaching
이보다　　　그리고 제가 젊은이들과 대화하고, 가르치면서

them, / I kind of wonder, / my gosh, are they really paying me to do this?//
　　　　생각하기도 합니다　　세상에, 이 사람들이 내가 이런 일을 한다고 돈을 낸단 말인가?라고

Further Study

발음팁

literature 밑줄 친 부분이 '러러'니까 영어회화 시에는 겹치는 발음 '러' 두 개 중 하나만 발음해도 된다. 그러니까 [리터러처]가 아니라 미국인들은 그냥 [리러쳐] 정도로 발음할 때가 많다.

that will, that will that will이 두 번 나왔는데, 아무리 명연사라도 연설할 때, 한두 번쯤은 버벅거리게 마련이니까 이런 상황은 충분히 벌어질 수 있다.

passion 이 열정이라는 단어는 [패션]이라고 발음하는 거고, fashion(유행)이라는 단어는 [ㅍ+홰션]이라고 발음해서 p는 우리말에 [ㅍ], f는 우리말에 없는 발음으로 [ㅍ]과 [ㅎ]의 중간 발음.

every<u>th</u>ing 밑줄 친 th가 번데기 발음이다. 이걸 다시 한 번 강조하는 이유는 우리말에 없는 번데기 발음- 편의상 [ㅆ]과 [ㄸ]의 중간발음 -을 많이 연습하다보면 영어 발음이 상당히 좋아지긴 하는데 내 경험으로는 영어 발음이 좋아지면서 예상치 않게 우리 한국말 발음이 부정확해질 우려가 생긴다는 것이다.

pay<u>ing</u> 밑줄 친 ing가 우리 한글 표기 발음으로는 [잉]인데 미국인들은 [잉] 발음을 힘들어해 이 단어를 [페인]으로 발음하는 사람들이 많다는 것이다. 그렇게 되면 문맥을 타지 못할 경우, paying이 pain(고통)으로 들릴 수 있다.

Useful Expressions

first of all 무엇보다도

First of all, smoking pollutes the air around you.
다른 무엇보다도 먼저, 흡연은 당신이 마시는 공기를 오염시킨다.
First of all, let me introduce myself. 먼저 제 소개를 하겠습니다.

can't imagine 상상할 수도 없다

I *can't imagine* life without you now. 난 이제 당신이 없는 삶은 상상할 수도 없어.
Today's teenagers *can't imagine* their lives without computers and cellular phones.
오늘날의 십대들은 컴퓨터와 휴대폰이 없는 생활을 상상할 수 없어.

Writing Practice

1. 도대체 당신이 어디서 왔는지 궁금하다. (궁금하게 생각하다 kind of wonder / 도대체 on earth)

   _____.

2. 최선을 다해서 당신의 잃어버린 짐을 찾아드리겠습니다. (최선을 다해서 ~하다 I do everything I can to ~)

   _____.

   최선을 다해 나의 꿈을 실현하겠다. (꿈을 실현하다 make one's dreams come true)

   _____.

Answer 1. I kind of wonder where you came from on earth.
2. I will do everything I can to help you look for your lost luggage.
I will do everything I can to make my dreams come true.

7 Ivy League Milestone

One of the people I called prior to the announcement of my presidency is Ruth Simmons. Ruth Simmons is one of my heroes. She's the president of Brown University. Ruth is the first [1]person of color to ever lead an Ivy League institution. And it turns out that I'll be the first male person of color to ever lead an Ivy League institution. Now that's extremely humbling for me. [2]I have to say, you know, one of the things that I've learned from working in some of the poorest countries in the world is that my ethnicity is only one part of my identity. You know, one of the most important experiences of my life was going to Haiti and being called "blanc," which means white, but it really means foreigner, and what it really means is that you are a person who has access to resources in education and so many other things. Whatever color you are — I've seen African Americans be called blanc in Haiti. And again, the distinction is that you are a person who has access to things. So, ethnicity is important. We don't ever want to deny it. But, [3]you know, race is just one of the many things that we have to consider. I don't think we're in a post-racial age, but I think my appointment as president of Dartmouth gives some indication of how far we've come.

중요표현 해설

[1] 유색인종을 영어로 표현하라면 우리는 대부분 '~ person'이라고 말할 것이다. 사람의 특징 또는 직업을 표현할 때 전치사 of를 활용하여 'a person of ~'로 한다는 것을 기억한다.

   ex. He is a man of character. (그는 인격이 훌륭한 사람이야) / He is a man of letters. (그는 저술가야)

[2] I have to say를 직역하면, '나는 ~를 꼭 말해야 한다'인데, 상당히 어색한 해석이 된다. '꼭 언급하고 싶은 것이 있는데...'라는 의미로 강조하려는 내용 앞에 말한다. 굳이 표현 자체를 다 해석하기보단 '정말, 꼭' 등의 강조부사로 의역하면 된다.

   ex. I have to say... you are such a snob. (넌 정말 너무 도도해)

[3] 대화를 나누다보면 한 사람의 말이 길어질 때가 있는데, 이때 상대방이 내가 전달하는 내용을 잘 파악하고 있는지를 확인하는 무의식적 표현으로 you know를 활용한다. 이를 통해, 상대방이 여전히 나와 함께 이야기를 잘 나누고 있다는 것을 확인하는 수단이 되기도 한다. 우리말에 '있잖아...' 정도의 의미이다.

아이비리그를 이끄는 첫 번째 동양인

저의 총장직 발표 전에 제가 연락한 분 중 한 명이 루스 시몬스입니다. 루스 시몬스는 저의 영웅입니다. 그녀는 브라운 대학의 총장님이시죠. 루스는 아이비리그 학교를 이끈 첫 번째 유색인입니다. 그리고 저는 아이비리그 학교를 이끄는 첫 번째 유색인 남자이더군요. 제겐 대단히 영광스러운 일이죠. 제가 세계에서 가장 가난한 나라들에서 일하면서 느낀 것 중 하나는 저의 민족성이라는 것은 저의 정체성의 일부분에 불과하다는 점입니다. 아시다시피 저의 삶에서 가장 중요한 경험 중 하나는 아이티에 갔던 일인데, 거기서 저는 백인을 의미하는 'blanc'로 불렸지만, 사실 그건 외국인이란 의미죠. 그리고 이것의 진짜 의미는 교육 자원이나 다른 많은 것들에 접근할 수 있는 사람이라는 것입니다. 피부색이 어떻든, 저는 아이티에선 아프리카계 미국인도 blanc라 불리는 것을 보았습니다. 다시 말해 이러한 특성은 바로 당신이 세상의 것을 얻을 수 있는 사람이라는 점입니다. 그러니, 인종은 중요합니다. 우리는 이를 부인하고 싶어하지 않습니다. 그러나 아시다시피 인종은 단지 우리가 고려해야 하는 많은 것 중 하나일 뿐입니다. 저는 우리가 인종에 얽매이지 않는 시대에 살고 있다고 생각하지 않습니다. 그러나 제가 다트머스의 총장으로 선출된 것은 우리가 이미 많은 진보를 했다는 것을 시사한다고 봅니다.

Words & Phrases

prior to ~
~전에 (= before)

presidency [prézədənsi]
총장직

person of color
유색인 (= colored person)

institution [ìnstətjúːʃən]
학교 단체, 연구소

extremely humbling
[ikstríːmli] [hʌmbliŋ]
아주 겸손한

ethnicity [eθnísiti]
인종 (= race)

identity [aidéntəti]
정체성

have access to ~
~에 접근하다

resources [ríːsɔːrs]
자원

African American
(아프리카 조상을 가진) 미국의 흑인

distinction [distíŋkʃən]
차별, 구별 (= differentiation)

post-racial age
[poustréiʃəl]
인종을 뛰어넘은 시대

appointment
[əpɔ́intmənt]
임명 (= nomination)

indication [ìndikéiʃən]
시사, 지적

문장 구조

it turns out ~
→ 이 표현은 '~로 드러나다[판명나다]'의 뜻으로, 뒤에 to 부정사나, that절이 온다. 또한 'it proves (out) to be ~'로 바꾸어 쓸 수 있다.

what it really means is **that** you are a person **who** has access to resources in education and so many other things.
→ 처음의 what은 주어로 쓰인 관계대명사이며, 그 다음 that은 동사 뒤에 오므로 접속사, 그리고 마지막의 who는 a person을 선행사로 받는 주격 관계대명사이다.

I've **seen** African Americans **be** called blanc in Haiti.
→ see는 hear, feel, observe, listen to 등과 마찬가지로 지각 동사이므로 be(원형 동사)를 목적 보어로 받고 있다.

직독[청] 직해: 읽어가며[들어가며] 바로 이해하기 훈련

One of the people I called / prior to the announcement of my presidency / is
제가 연락한 사람들 중에 한 명은   저의 총장직 발표 전에

Ruth Simmons. // Ruth Simmons is one of my heroes. // She's the president
루스 시몬스입니다   루스 시몬스는 저의 영웅 중의 한 명이죠   그녀는 브라운 대학의

of Brown University. // Ruth is the first person of color / to ever lead an
총장입니다   루스는 첫 번째 유색인입니다   아이비리그 학교를

Ivy League institution. // And it turns out / that I'll be the first male person
이끄는   그리고 그렇더군요   저는 첫 번째 유색인 남자이더군요

of color / to ever lead an Ivy League institution. // Now that's extremely
          아이비리그 학교를 이끄는   제겐 대단히

humbling for me. // I have to say, / you know, / one of the things that I've
영광스러운 일이죠   저는 말씀드려야겠습니다 아실 테지만   느낀 것 중 하나는

learned / from working / in some of the poorest countries in the world / is
           일하면서   세계에서 가장 가난한 나라들에서

that my ethnicity is only one part of my identity. // You know, / one of the
저의 민족성이라는 것은 저의 정체성의 일부분에 불과하다는 점입니다   아시다시피   저의 삶에서

most important experiences of my life / was going to Haiti / and being called
가장 중요한 경험 중 하나는   아이티에 갔던 것인데   저는 'blanc'로

"blanc," / which means white, / but it really means foreigner, / and what
불렸습니다   백인을 의미하는   그러나 사실 그건 외국인이란 의미죠   그리고 그것의

it really means / is that you are a person / who has access / to resources in
진짜 의미는   여러분은 사람이라는 것입니다   접근할 수 있는   교육 자원과 다른

education and so many other things. // Whatever color you are / — I've seen
많은 것들에   피부색이 어떻든   저는 아프리카계

African Americans / be called blanc / in Haiti. // And again, / the distinction is
미국인도 보았습니다   blanc라 불리는 것을   아이티에선   다시 말해   이러한 특성은 바로 여러분이

that you are a person / who has access to things. // So, ethnicity is important. //
사람이라는 점입니다   세상의 것을 얻을 수 있는   그러니, 인종은 중요합니다

We don't ever want to deny it. // But, you know, / race is just one of the
우리는 이를 부인하고 싶어하지 않습니다   그러나 아시다시피   인종은 단지 많은 것 중에서 하나일

many things / that we have to consider. // I don't think / we're in a post-racial
뿐입니다   우리가 고려해야 하는   저는 생각하지 않습니다   우리가 인종에 얽매이지 않는 시대에

age, / but I think / my appointment as president of Dartmouth / gives some
살고 있다고   하지만 저는 생각합니다   제가 다트머스의 총장으로 선출된 것이   시사한다고

indication / of how far we've come.//
              우리가 이미 많은 진보를 했다는 것을

Further Study

발음팁

turns out 연음시켜 마치 한 단어를 발음하는 기분으로 [턴자웉]으로 발음하는 습관을 들여야 한다.

I've learned 밑줄 친 축약형은 낱개 발음 시는 들릴지 모르지만 문장 속에서는 거의 안 들리는 발음이다. 그러니 혹시 축약형이 들어간 문장들을 받아쓰기 할 때는 이와 같은 축약형이 지나갈 경우, 앞뒤 문맥으로 적으려는 자세가 필요하다.

foreigner 토익 900점이 넘어 영어 좀 하는 학생들도 거의 다 100% [포리너]로 발음하는데 본토인들은 r발음을 죽이고 [ㅍ+호안어]처럼 발음한다. 자, [포리너]는 완전 콩글리시이니까 지금부터는 [ㅍ+호안어]로 발음하자구요.

deny it deny가 [디나이]로 발음되고, it이 [잍]으로 발음되어 두 단어가 만나면서 [이] 발음이 겹친다. 그래서 이 두 단어를 발음할 때는 [디나이 잍]보다는 그냥 [디나잍] 같이 발음하는 게 훨씬 자연스럽다.

appoint**ment** 보다시피 밑줄 친 부분에 자음 세 개가 몰려 있다. 이럴 때는 발음 규칙상 가운데 t는 탈락시키면서 [어포인먼(트)]로 발음해야 한다. 영어에서는 자음이 세 개 몰려 있으면 가운데 것은 발음하지 않거나 아주 약하게 발음하기 때문이다.

Useful Expressions

what it really means is that ~ 사실 의미하는 바는 ~이다
What it really means is that patriotism is more important than anything else.
사실은 그것이 의미하는 바는 애국심이 무엇보다도 중요하다는 것이다.

give some indication 뭔가를 암시[시사]하다
She *gave some indication* of what she is going to do after she retires.
그녀는 은퇴 이후에 무엇을 할지에 관해 뭔가를 시사했다.

Writing Practice

1 집안 배경은 결혼 시 고려해야 할 많은 요소 중 하나이다.
   (많은 요소 중 하나 one of the many things)
   _____.

2 우리는 인종이나 종교, 또는 피부색이 어떻든지 간에 여러분을 차별하지는 않습니다.
   (피부색이 어떻든지 간에 whatever color you are)
   _____.

Answer 1. Family background is just one of the many things that we have to consider in marriage. 2. We do not discriminate against you based on race or religion, or whatever color you are.

8 Proudest professional achievement (1)

One of the things I'm most proud of is that, as an individual, and along with Partners in Health, [1]we've tackled problems that the world has said were intractable. We were told that it's impossible to treat people in poor countries who are suffering from a form of tuberculosis that's resistant to the standard drugs. We were told that it was impossible, it was too expensive. But we took on that problem, and in the face of incredible doubt in the public health and global health community, we took on the problem, we treated the patients, we showed that it could be done, we [2]lowered the prices of the drugs, and now people all over the world have access to treatment. HIV treatment, treatment for people living with HIV, was a similar problem. They said it was impossible. Forget it. Completely impractical.

중요표현 해설

[1] we've tackled problems that (the world has said) were intractable.에서 the world has said는 삽입구이다. 삽입구에 대한 이해가 없으면 제시된 문장과 같은 형태를 정확히 해석할 수 없다.

ex. Think of a problem that (you think) applies to all of us. (우리 모두에게 해당하는 문제를 한번 생각해 봐.) / The director came up with a list of criteria for development, which (he thinks) will boost the company's prestige. (이사는 그가 생각하기에 회사의 위상을 올릴 개발기준 목록을 생각해 냈다.)

[2] lower에 '낮추다'는 의미를 모르는 사람은 없겠지만, 이를 생활 속에서 잘 활용할 수 있는 사람은 얼마 되지 않는다. 구어체뿐 아니라 문어체에도 자주 활용되는 표현이니 눈에 익혀두도록 한다.

ex. You've got to take vital action toward lowering your blood pressure. (혈압을 낮추기 위해서 중요한 조치를 취해야 해요.)

가장 어려운 문제를 해결하려고 시도하다

제가 가장 자랑스러워하는 것 중 하나는 한 개인으로서 Partners in Health와 함께, 세상이 다루기 어렵다고 말하는 어려운 문제에 맞섰다는 점입니다. 우리는 현재의 표준 약에 반응하지 않는 일종의 결핵으로 고통 받는 가난한 나라의 사람들을 치료하는 것이 불가능하다고 들었습니다. 우리는 이것이 불가능한 일이며 아주 비용이 많이 든다고 들었습니다. 그러나 우리는 이 문제를 떠맡았고, 공중 보건과 세계 의료계의 믿을 수 없을 정도의 의심에 직면하면서도, 이 문제를 맡아서, 환자를 치료하고, 그 일이 가능하다는 것을 보였고, 약의 가격을 낮췄으며, 이제는 전 세계의 모든 사람이 치료를 받을 수 있게 되었습니다. HIV 치료, 즉 에이즈 감염자들을 위한 치료도 비슷한 문제였습니다. 이들은 이것이 불가능하다고 말했습니다. 잊으라고. 이는 완전히 실행 불가능이라고.

Words & Phrases

intractable[intrǽktəbl]
다루기 힘든, 고치기 힘든

treat[tri:t]
치료하다 (= cure, heal)

suffering from ~
~로 고생하는, ~를 앓고 있는

tuberculosis
[tjubə̀:rkjulóusis]
결핵(TB)

resistant[rizístənt] **to the standard drugs**
표준 약에 내성이 있는

in the face of incredible doubt
[inkrédəbl]　[daut]
믿을 수 없을 정도의 의심에 직면하여

public health
공중 위생, 국민 보건

global health community
세계보건단체

lower
낮추다, 감소시키다 (= reduce)

문장 구조

One of the **things** I'm most proud of is **that**, as an individual, and along with Partners in Health, we've tackled problems **that the world has said** were intractable.

→ things 뒤에는 목적격 관계대명사 which[that]가 생략되어 있고, that은 is의 보어절을 이끄는 접속사이며, 그 다음 that은 problems를 선행사로 받는 관계대명사이고, the world has said는 were의 주어이다.

직독[청] 직해: 읽어가며[들어가며] 바로 이해하기 훈련

One of the things I'm most proud of / is that, as an individual, / and along with Partners in Health, / we've tackled problems / that the world has said were intractable. // We were told / that it's impossible / to treat people in poor countries / who are suffering from a form of tuberculosis / that's resistant to the standard drugs. // We were told / that it was impossible, / it was too expensive. // But we took on that problem, / and in the face of incredible doubt / in the public health and global health community, / we took on the problem, / we treated the patients, / we showed / that it could be done, / we lowered the prices of the drugs, / and now people all over the world / have access to treatment. // HIV treatment, treatment for people living with HIV, / was a similar problem. // They said / it was impossible. // Forget it. // Completely impractical. //

Further Study

발음팁

proud of 연음시켜 [프라우러(브)]처럼 발음해야 한다. 연음시키지 않고 [프라우드 어브]로 발음하면 완전 한국식 발음이 된다.

incredible 자음 d가 모음과 모음 사이에 있어 [ㄹ]로 발음해주면서 이어지는 모음 I에 강세가 없어 [인크래러블]로 발음해야 A+ 발음.

completely [컴플리틀리]로 발음해도 되긴 하지만 본토인들은 대개 격음 t를 피하고 [컴플릴리]로 발음하는 경향이 있다.

treatment 첫 자음 t를 [ㅌ]보다는 [ㅊ]로 발음해주는 게 부드럽다. 그래서 이 단어는 [추릩먼(트)]로 발음해야 본토 발음에 가깝다. [트리트먼트]는 F학점 발음.

Useful Expressions

One of the things I'm most proud of is ~ 나에게 가장 자랑스러운 것 중의 하나는 ~이다

One of the things I'm most proud of is that my son was granted admission to Harvard University on a full scholarship.
나에게 가장 자랑스러운 것 중의 하나는 내 아들이 전액 장학금을 받고 하버드 대학에 입학했다는 것이다.

Writing Practice

1 모든 호텔 객실에서 인터넷 접속이 가능하다. (~에 접근하다, ~를 이용할 수 있다 have access to ~)

_____.

학생들은 도서관에서 좋은 자료들을 접할 수 있다. (좋은 자료 good resource)

_____.

Answer. 1. All of the hotel rooms have access to the Internet.
Students can have access to good resource in the library.

8 Proudest professional achievement (2)

And we started doing it in Haiti. And now we have [1]close to four million people in the poorest countries receiving treatment for HIV. What was so significant about those events for me was that I was told that something was impossible and yet I knew that the highest aspirations that the people suffering from those problems had and the aspirations that I knew I should have for them was to make it happen, to make it possible for them to live with these diseases, and we were able to do that. I really want to bring that sense of infinite possibility to students at Dartmouth. You know, these are the brightest, most competitive students in the entire world. And there's no reason that they can't take on the biggest problem they can imagine and not only be successful in understanding it, but be successful in solving some of those problems. Indeed the world's troubles are our troubles, and they can take on those troubles and make them significantly less troubling.

중요표현 해설

[1] close to는 almost의 의미로 본문에서 '~에 가까운'으로 해석된다. 예를 들어, 'We have close to 40 people coming to the party.'라고 하면 '40명 가량이 파티에 올 거야'라는 의미다. we의 청자를 포함한 화자를 지칭하기에 굳이 해석할 필요가 없다.

가장 어려운 문제를 해결하려고 시도하다

그리고 우리는 아이티에서 이 일을 하기 시작했습니다. 그리고 이제 가장 가난한 국가들에서 에이즈 치료를 받는 사람이 거의 4백만이 되고 있습니다. 저에게 이런 사건이 정말 소중했던 것은 바로 제가 불가능하다고 들었음에도 저는 이러한 어려움에 고통 받는 사람들이 가진 고귀한 열망을 알았으며, 제가 이들에게 가져야 하는 열망은 이를 실현하는 것, 이들이 이러한 질병을 가지고 있지만 살 수 있도록 만드는 것이었으며, 우리는 그것을 할 수 있었습니다. 저는 이러한 무한 가능성을 진정 다트머스 학생들에게 가져다주고 싶습니다. 이 학생들은 전 세계에서 가장 똑똑하고 경쟁력 있는 학생임을 압니다. 그리고 이들이 상상할 수 있는 가장 큰 문제점에 도전하지 못할 이유는 없으며, 이를 이해하는 데 성공할 뿐 아니라 이런 문제 중 어떤 것을 해결하는 데도 성공할 수 있습니다. 실로 전 세계가 안고 있는 문제는 곧 우리의 문제이며, 이들이 이러한 문제를 맡아서 그다지 심각한 문제가 되지 않도록 할 수 있습니다.

Words & Phrases

close to ~
약 ~ (= about)

aspiration [æspəréiʃən]
열망

infinite possibility
[ínfənət] [pàsəbíləti]
무한한 가능성

the brightest, most competitive
[kəmpétətiv]
가장 똑똑하고 경쟁력 있는

less troubling [trʌbliŋ]
별 문제가 되지 않는

문장 구조

not only A but B
→ 'A뿐만 아니라 B도'라는 의미로 'not only ~ but also', 또는 'not merely, but also'도 같은 의미로 쓰인다.

there's no reason that ~
→ 이 표현은 '~할 이유가 없다'는 뜻으로, 'there's no reason why ~, there's no reason to ~'의 구문으로도 흔히 사용된다.

직독[청] 직해: 읽어가며[들어가며] 바로 이해하기 훈련

And we started doing it in Haiti. // And now we have close to four million
우리는 아이티에서 이 일을 하기 시작했습니다 그리고 이제 거의 4백만이 되고 있습니다

people / in the poorest countries / receiving treatment for HIV. // What was so
가장 가난한 국가들에서 에이즈 치료를 받는 정말 소중했던 것은

significant / about those events for me / was that I was told / that something
저에게 이런 사건이 바로 제가 들었다는 것입니다 불가능한 것이라고

was impossible / and yet I knew / that the highest aspirations / that the
하지만 알았습니다 고귀한 열망을

people suffering from those problems had / and the aspirations that I knew
어려운 문제들로 고통 받는 사람들이 갖는 그리고 제가 그들에게 가져야

I should have for them / was to make it happen, / to make it possible for
하는 열망은 그것을 실현하는 것이었습니다 그들이 가능케 하는 것이며

them / to live with these diseases, / and we were able to do that. // I really
이러한 질병을 가지고도 살 수 있도록 그리고 우리는 그것을 할 수 있었습니다 저는 이러한

want to bring that sense of infinite possibility / to students at Dartmouth. //
무한 가능성을 진정 가져다주고 싶습니다 다트머스 학생들에게

You know, / these are the brightest, most competitive students / in the entire
아시다시피 이들은 가장 똑똑하고 경쟁력 있는 학생입니다 전 세계에서

world. // And there's no reason / that they can't take on the biggest problem /
그리고 이유는 없습니다 가장 큰 문제점에 도전하지 못할

they can imagine / and not only be successful in understanding it, / but be
그들이 상상할 수 있는 그리고 이를 이해하는 데 성공할 뿐 아니라

successful in solving some of those problems. // Indeed the world's troubles
이런 문제들을 해결하는 데도 성공할 수 있습니다 실로 전 세계가 안고 있는 문제는 곧

are our troubles, / and they can take on those troubles / and make them
우리의 문제입니다 그리고 그들은 이러한 문제를 맡아 그다지 심각한 문제가

significantly less troubling.//
되지 않도록 할 수 있습니다

Further Study

발음팁

competitive 이걸 콩글리시로 발음하게 되면 [콤페티티브]가 나오는데 본토 발음으로 발음하게 되면 [컴패리디(브)]나 [컴패리티(브)]다. 미국인들은 모음 e에 강세가 들어가면 [에]보다는 [애]에 가깝게 발음한다.

that 이 that이 지시사로 쓰이면 강하게 발음되지만 관계대명사로 쓰일 때는 약 발음으로 발음해야 한다.

at Dartmouth 이럴 때 전치사 at은 약 발음이라 거의 안 들린다. 이어지는 고유명사 Dartmouth를 보고 캐치할 필요성이 있다.

Useful Expressions

there's no reason that ~할 이유가 없다

There's no reason that you have to cry.
당신이 울 이유가 없어.

There's no reason why she has to go there.
그녀가 거기에 가야만 할 이유가 없어.

There's no reason for you to be angry like this.
당신이 이같이 화낼 이유가 없어.

Writing Practice

1 그녀는 지적일 뿐만 아니라 고운 마음씨를 갖고 있다. (~뿐만 아니라 ~도 not only ~ but)

_____.

걷기는 좋은 운동이 될 뿐 아니라 건강을 유지하는 아주 경제적인 방법이다.

_____.

Answer 1. She is not only intellectual but warm-hearted.
Walking is not only a good exercise but a very economical way of maintaining good health.

9 Aspirations

One of the things that I've learned as an anthropologist is that when you're walking into a culture, when you're walking into a family that has existed for more than 200 years, that has a set of traditions and cultural norms that have evolved over time, but are revered, and loved, and closely held, [1]you don't come in telling them what they should do. You don't come in telling them what they should become that's different from what they are. You come in trying to understand what their greatest aspirations are for what they've already built and the context in which they're living. This is an amazing family with an extraordinary set of traditions. My aspiration for Dartmouth is to let it soar with its strengths, which are many; become the best it can possibly be around those things which it already does so well. And also part of it is I think Dartmouth is under-appreciated. I certainly didn't appreciate what Dartmouth was like before I began to learn about it, and I think [2]it's time that the world had a much, much greater appreciation for what Dartmouth is and what it has offered to its students and to the world.

중요표현 해설

1. 'You don't come in telling them...'은 'You don't come and (tell) them'에서 '접속사 + 주어'가 생략된 분사구문의 형태를 취하는데 회화체에서 자주 활용되는 구문이므로 잘 익혀둔다.

2. 'It is time that S V'에서 동사는 과거형으로 표현하는데, 우리말로 '~했어야 할 때이다'의 의미이다. 이는 했어야 했는데, 아직 하지 않았다는 의미로 '~해야 한다'의 뜻이다. 예를 들면, 'It's time that we had to go.'를 직역하면 '이미 갔어야 할 때이다'의 의미이므로 곧 '빨리 가야 한다'의 재촉의 표현이 된다.

고귀한 열망

인류학자로서 제가 배운 것 중 하나는 한 문화권에 들어갈 때, 200년 이상 존속되어왔고, 시간이 흐르면서 발전해온 동시에 존경받고, 사랑받으며, 가까이 간직해온 전통과 문화적 규범 체계를 갖춘 한 집단에 들어갈 때 당신이 들어가 이들에게 무엇을 해야 한다고 말할 수 없다는 점입니다. 당신이 들어가 원래의 모습과는 다른 무엇이 되라고 이들에게 말할 수 없다는 것입니다. 당신이 이들의 문화에 들어갈 땐, 이들이 이미 쌓아온 것과 이들이 살아가는 문화(환경)에 대해 가지고 있는 이들의 고귀한 열망이 무엇인지를 이해하려고 해야 합니다. 이것은 특별한 전통을 지닌 놀라운 집단입니다. 다트머스에 대한 저의 열망은 이것이 가진 아주 많은 장점과 함께 비상하도록 하는 것이며, 이미 잘 할 수 있는 것과 함께 될 수 있는 한 최고가 되게 하는 것입니다. 또 일부분 저는 다트머스가 저평가되고 있다고 생각합니다. 저는 다트머스 대학에 관해 알기 전에는 이 대학이 어떠한지 분명 인식하지 못했으며, 이제 세상은 다트머스가 어떤 학교이며, 다트머스 학생과 세상에 이 대학이 제공한 것을 훨씬 더 잘 알게 될 때가 되었다고 생각합니다.

Words & Phrases

exist[igzíst]
존재하다

a set of traditions and cultural norms
일련의 전통과 문화 규범

evolve over time
오랜 시간 동안 발전하다

revere[rivíər]
존경하다 (= respect)

closely held
가까이 간직해온

context[kɑ́ntekst]
상황 (= situation)

with an extraordinary set of traditions
비범한 전통을 지닌

soar with its strengths
장점과 함께 비상하다

under-appreciated
과소평가된 (= underestimated), 제대로 이해가 되지 않은

문장 구조

One of the things **that** I've learned as an anthropologist is **that** when you're walking into a culture, when you're walking into a family **that** has existed for more than 200 years, **that** has a set of traditions and cultural norms **that** have evolved over time,

→ 이 문장에서 that이 다섯 개 나오는데, 처음 that은 One of the things를 선행사로 받는 관계대명사이며, 두 번째 that은 접속사이고, 세 번째 that은 family를 선행사로 받는 관계대명사, 네 번째 that은 역시 family를 선행사로 받는 관계대명사이며, 마지막 다섯 번째 that도 a set of traditions and cultural norms를 선행사로 받는 관계대명사로 사용되고 있다. 일반적으로 that 앞에 명사가 나오면 이 that은 관계대명사, 동사나 형용사가 있으면 접속사이다.

I think it's time that ~

→ 이 구문은 '나는 지금이야말로 ~할 때라고 생각한다'의 뜻으로 that절에 '과거동사'가 일반적으로 따라오지만, 'should' 구문도 흔히 따라온다.

직독[청] 직해: 읽어가며[들어가며] 바로 이해하기 훈련

One of the things that I've learned / as an anthropologist / is that when you're
제가 배운 것 중 하나는   인류학자로서

walking into a culture, / when you're walking into a family / that has existed
한 문화권에 들어갈 때   한 집단에 들어갈 때   200년 이상

for more than 200 years, / that has a set of traditions and cultural norms /
존속해온   전통과 문화적 규범 체계를 갖춘

that have evolved over time, / but are revered, and loved, / and closely held, /
시간이 흐르면서 발전해온   그러나 존경받고, 사랑받으며   가까이 간직해온

you don't come in telling them / what they should do. // You don't come in
당신은 그들에게 말할 수 없다는 점입니다   그들에게 무엇을 해야 한다고   당신은 이들에게

telling them / what they should become / that's different from what they are. //
말할 수 없습니다   무엇이 되라고   그들의 원래의 모습과는 다른

You come in trying to understand / what their greatest aspirations are /
당신은 이해하려고 해야 합니다   그들의 고귀한 열망이 무엇인가를

for what they've already built / and the context in which they're living. //
그들이 이미 쌓아온 것에 대해   그리고 이들이 살아가는 문화(환경)에 대해

This is an amazing family / with an extraordinary set of traditions. // My
이것은 놀라운 집단인 것입니다   특별한 전통을 지닌

aspiration for Dartmouth / is to let it soar / with its strengths, which are
다트머스에 대한 저의 열망은   비상하도록 하는 것이며   그것이 가진 아주 많은 장점과 함께

many; / become the best it can possibly be / around those things which it
         될 수 있는 한 최고가 되게 하는 것입니다   이미 잘 할 수 있는 것과 함께

already does so well. // And also part of it is / I think / Dartmouth is under-
                              그리고 역시 부분적으로   저는 생각합니다   다트머스가 저평가되고

appreciated. // I certainly didn't appreciate / what Dartmouth was like /
있다고   저는 분명히 인식하지 못했습니다   다트머스 대학이 어떤 곳인가를

before I began to learn about it, / and I think it's time / that the world had a
이곳에 대해서 알기 전에는   저는 지금이야말로 때라고 생각합니다   세상이 훨씬

much, much greater appreciation / for what Dartmouth is / and what it has
더 잘 알게 될   다트머스가 어떤 학교이며   이 대학이 제공한 것을

offered / to its students and to the world.//
            대학의 학생들과 전 세계에

Further Study

발음팁

tradition 흔히들 [트러디션]으로 발음하기 쉬운데, 일반적으로 미국 사람들은 tr을 [추]로 발음하므로 [추디션]으로 발음해줘야 A+ 발음이 나온다.

closely 이 단어가 부사형으로 쓰여 [클로슬리]로 발음해야 한다. 발음법을 잘 모르는 상당수의 영어교사들이 [클로즐리]로 발음하고 있지요.

strengths ths는 끝자음 s만 분명하게 발음해주면 된다.

those 밑줄 친 th는 우리말의 [ㄷ]에 해당되는데 [ㄷ] 발음을 좀 약하게 내는 기분으로 발음해야 한다. 반면에 doctor할 때 밑줄 친 d는 우리말의 [ㄷ] 발음을 비교적 강하게 내야 한다.

about it about의 첫 모음 a는 거의 발음하지 않으면서 연음시켜 발음한다. 그러니까 [(어)바우맅]처럼.

its students 이 경우에 소유 형용사 역할을 하는 its는 거의 안 들린다. its의 끝자음 s가 students의 첫 자음 s와 만나 its는 [읻스]가 아니라 그냥 [잍] 정도로 들리거나 아예 들리지 않을 수 있다. its가 단박에 귀에 걸린다면 그 학생은 청취력이 어느 정도 수준에 올라와 있는 학생이라고 말할 수 있다.

Useful Expressions

aspiration 열망
  The *aspiration* to achieve his life goal has been realized.
  인생의 목표를 달성하려는 그의 염원은 이루어졌다.

context 상황, 문맥, 배경
  What are you doing here in this critical *context*? 이렇게 위험한 상황에 여기서 무엇을 하고 있니?
  We can often tell the meaning of a word from its *context*. 전후의 문맥으로 단어의 뜻을 알 때가 많다.
  Many of the movie stories are based in a historical *context*.
  영화 이야기의 많은 부분은 역사적 배경을 근거로 하였다.

Writing Practice

1 모든 슬픈 추억은 시간이 감에 따라 희미해질 것이다. (시간이 감에 따라 over time / 희미해지다 fade away)

   _____.

2 나는 지금이야말로 우리가 허리띠를 졸라매야 한다고 생각한다.
   (나는 지금이야말로 ~할 때라고 생각한다 I think it's time that ~ / 허리띠를 졸라매다 tighten one's belts)

   _____.

   나는 지금이야말로 우리가 환경보호의 중요성을 인식해야 될 때라고 생각한다.
   (인식하다 be aware of / 환경보호 environmental protection)

   _____.

Answer 1. All the sad memories will fade away over time.
2. I think it's time that we (should) or had to tighten our belts.
I think it's time that we should be aware of the importance of environmental protection.

10 Keep Your Feet On the Ground

[1]On a personal note, I'd like to thank my parents. My father, Nhak Hee Kim who [2]passed away more than twenty years ago, was a dentist — and dentists are among the most practical people on earth. He taught me the value of hard work, determination, and keeping both feet firmly on the ground. My mother, Oaksook Kim, studied theology and received her Ph.D. in philosophy. She taught me to respect every individual — while daring great things. Dare great things, keep both your feet on the ground. I hope that will prove to be a good formula for a president of Dartmouth.

중요표현 해설

[1] On a personal note란 '개인적인 언급으로'의 뜻인데, on a lighter note라는 표현도 자주 쓰인다. 다소 무겁고 부정적인 주제에서 가볍고 긍정적인 주제로 넘어가려고 할 때 on a lighter note라고 말한다. 즉, 화제를 바꿀 때 쓰는 표현으로 주로 뉴스의 앵커들이 종종 사용하는 표현이므로 기억해 두면 유용하게 활용할 수 있다.

ex. Wow, I lost 20$ today. On a lighter note, I got promoted! (세상에, 오늘 20달러를 잃어버렸네. 분위기를 바꾸어서, 나 승진했어!)

Today, my dog died after 12 years of being my best friend. On a lighter note, I adopted a cute new golden retriever puppy! (오늘, 12년 동안 내 가장 친한 친구였던 개가 죽었다. 좀 가볍게 분위기를 바꾸자면, 귀여운 골든 리트리버 강아지를 새로 입양했다.)

[2] 어느 나라나 금기시되는 표현 또는 죽음, 성(性)과 관련하여 지나치게 노골적인 표현은 완곡해서 표현하는 경향이 있다. 이를 완곡어법(euphemism)이라 하는데, 본문에 pass away가 대표적인 예가 된다. 아래의 예를 통해서, 영어권 사람들이 사용하는 죽음과 관련된 완곡어법을 익혀보자.

ex. He answered the final summons in complete peace. (그는 평온한 마음으로 죽음을 맞이했다.)

He is finally at peace now. (그는 마침내 평온하게 눈을 감으셨다.)

He died with his boots on. (그는 작업 중(전쟁 중) 죽었어.) → 특정 활동 중 사망할 경우; 특히 전쟁 중

He bit the dust. (그는 살해되었다.)

He went to a better place. (그는 더 나은 곳으로 가셨어.)

부모님의 가르침에 늘 감사하다

개인적으로 한 말씀 드리자면, 저는 부모님께 감사하고 싶습니다. 20여 년 전에 돌아가신 아버지 김낙희는 치과 의사이셨습니다. 치과 의사라 하면 지구상에서 가장 실용적인(현실적)인 사람들 중 하나이죠. 아버지는 저에게 근면, 결단력 그리고 현실을 냉철하게 바라보는 것의 가치를 가르쳐주셨습니다. 신학을 공부하신 어머니 김옥숙은 철학박사 학위를 받았습니다. 어머니는 저에게 위대한 것에 대담하게 시도하는 동시에 모든 사람을 존중하라고 가르쳐주셨습니다. 위대한 것에 도전하고, 현실에 충실해라. 저는 이것이 다트머스 총장이 활용할 수 있는 좋은 공식으로 입증될 수 있기를 희망합니다.

Words & Phrases

on a personal note
개인적으로 말씀드리자면, 개인적인 언급으로

pass away
죽다 (= die)

determination [ditə̀ːrmənéiʃən]
결단력, 결의

keep both feet on the ground
현실을 냉철하게 보다

firmly [fə́ːrmli]
굳건하게

theology [θiálədʒi]
신학

philosophy [filásəfi]
철학 (cf. psychology 심리학, physiology 생리학)

dare
감히 ~하다

prove to be ~
~로 드러나다
(= turn out to be ~)

formula [fɔ́ːrmjulə]
공식, 방식

문장 구조

He taught me **the value** of **hard work, determination, and keeping** both feet firmly on the ground.

→ 이 문장에서는 hard work, determination, keeping 등이 모두 the value에 걸리는 것으로서, '근면, 결단력, 그리고 현실을 냉철하게 바라보는 것에 대한 가치'의 뜻이다.

직독[청] 직해: 읽어가며[들어가며] 바로 이해하기 훈련

On a personal note, / I'd like to thank my parents. // My father, Nhak Hee
개인적으로 한 말씀 드리자면   저는 부모님께 감사하고 싶습니다   아버지인 김낙희는

Kim / who passed away / more than twenty years ago, / was a dentist – / and
        돌아가셨는데   20여 년 전에   치과 의사이셨습니다   그리고

dentists / are among the most practical people / on earth. // He taught me
치과 의사는   가장 현실적인 사람들 중 하나이죠   지구 상에서   아버지는 저에게 가르쳐주셨습니다

the value of hard work, determination, / and keeping both feet firmly on the
근면, 결단력의 가치를   그리고 현실을 냉철하게 바라보도록

ground. // My mother, Oaksook Kim, studied theology / and received her
         저의 어머니 김옥숙은 신학을 공부하시고   학위를 받았습니다

Ph.D. / in philosophy. // She taught me / to respect every individual / – while
         철학에서   어머니는 저에게 가르쳐주셨습니다   모든 사람을 존중하라고   위대한 것에

daring great things. // Dare great things, / keep both your feet on the ground. //
대담하게 시도하는 동시에   위대한 것에 도전하고   현실에 충실해라

I hope / that will prove to be a good formula / for a president of Dartmouth. //
저는 희망합니다   그것이 좋은 공식으로 입증되기를   다트머스 대학 총장이 활용할 수 있는

Further Study

발음팁

I'd like to   여기에서 축약형 I'd를 [아이드]로 발음하면 어색하게 들린다. 반드시 d를 받침으로 넣어 [아읻 라잌 투]처럼 발음해줘야 자연스럽다.

hard   [하드]로 발음하면 뭔 말인지 못 알아듣기 쉽다. 따라서 [하얻]처럼, 그러니까 r을 약하게 (어) 정도로 발음해주면서 d는 약하게 받침으로 넣는 기분으로 발음해줘야 한다.

taught   [톹]과 [턷] 중간 정도로 내줘야 하는데 그게 쉽지 않다.

dare   their와 비교해서 여기 dare의 같은 [ㄷ] 발음이라도 강한 [ㄷ] 발음이다

keep both your feet on the ground
여기에서 밑줄 친 세 개는 비교적 약하게 발음해줘야 한다. 일반적으로 인칭대명사의 소유격, 전치사, 관사는 약 발음이다.

Useful Expressions

keep both feet on the ground 현실을 냉철하게 바라보다
Try to *keep both feet on the ground* and don't waste your time on that sort of man.
현실을 냉철하게 봐, 그리고 그런 남자에게 시간을 낭비하지 마.

formula 공식, 방식
The math teacher banged the *formula* into his students.
그 수학 선생님은 학생들의 머리에 그 공식을 주입시켰다.
He knows the secret *formula* for making special skimmed milk powder.
그는 특별한 탈지분유 비밀 제조법을 알고 있다.
To find the best *formula*, the scientists have done a long period of experiments in the lab.
최선의 방법을 찾기 위해서, 과학자들은 실험실에서 장기간의 실험을 해왔다.

Writing Practice

1   개인적으로 말씀드리자면, 저는 당신의 친절함에 깊이 감사드립니다.
(개인적으로 말씀드리자면 on a personal note)
_____.

2   근면의 가치는 실로 중요하게 간주되어야 한다. (근면의 가치 the value of hard work)
_____.

3   나의 아버지는 약 20년 전에 위암으로 돌아가셨다. (죽다 pass away)
_____.

Answer 1. On a personal note, I deeply appreciate your kindness.
2. The value of hard work should be considered really important.
3. My father passed away from stomach cancer about 20 years ago.

11 Education is not Just about Transferring Knowledge

Young people from many, many backgrounds come here because of the [1]exceptional learning experience that Dartmouth offers — whether as undergraduates or to join the first-rate professional schools and graduate programs that the College can point to with great pride. Certainly, a vital part of that learning takes place in the classrooms in Kemeny, in Dartmouth Hall, the labs in Fairchild and among the stacks in Baker. But just as important to that learning is what happens out on Whitey Burnham Field, up on Mount Moosilauke, here on the stage in the Hop and, yes, even late at night on Webster Avenue. Education is not just about transferring knowledge — it is about learning how to be citizens of the world, how to work effectively with others as part of a team, and how to emerge from your studies with an enduring and [2]robust philosophy of life.

중요표현 해설

[1] 영어를 공부하는 한국 학습자는 exceptional을 아주 제한적으로 활용한다. 즉, '예외적인'이란 의미로 사용하지만 사실 이 표현은 '예외적인, 이례의, 특별한, 보통이 아닌, 드문, 희한한; 특별히 뛰어난, 빼어난, 비범한' 등의 다양한 의미를 지닌다. 특히, '빼어난, 비범한'이란 뜻이 있다는 것을 기억하도록 한다.

ex. She is exceptionally beautiful. (그녀는 외모가 아주 뛰어나다.)

He has an exceptional ability to see into human nature. (그는 인간성을 들여다보는 놀라운 능력을 가지고 있다.)

[2] 우리가 무심코 저지르는 잦은 발음 실수 중 하나가 o[ou] 발음이다. 여기에서 robust라는 단어를 단순히 [로버스트]라고 발음하는데, 첫 음절의 o[ou] 발음을 정확히 해 주어야 한다. 즉, [로우버스트]라고 발음해야 한다. 같은 맥락에서 old는 [올드]가 아니라 [오울드]이다.

진정한 교육이란?

다양한 배경을 가진 젊은이들이 다트머스가 제공하는 우수한 학습 경험을 위해 이곳에 옵니다. 학부생으로서든 아니면 이 대학이 큰 자부심을 가지고 거론하는 일류 전문학교와 대학원 과정의 일원이 되고자 하는 말이죠. 분명, 이런 배움의 핵심적인 부분은 Kemeny의 교실, 다트머스 홀, Fairchild의 실험실 그리고 Baker의 서고(書庫)에서 이루어집니다. 그러나 이러한 배움만큼이나 중요한 것이 Whitey Burnham 축구장에서, 무실라우케 산에서, 여기 Hop 무대 위에서, 그래요, 늦은 밤 웹스터 거리에서도 일어난다는 것입니다. 교육은 단지 지식만을 전달하는 것이 아닙니다. 교육이란 세계 시민이 되는 방법, 팀의 일원으로 다른 사람들과 효과적으로 일하는 방법, 그리고 영속적이고 확고한 삶의 철학을 갖고 자신의 연구로부터 세상에 나오는 방법을 배우는 것입니다.

Words & Phrases

background 배경 (= backdrop)

exceptional [iksépʃənl] 특별한, 뛰어난 (= excellent); 예외적인

learning experience 학습 경험

undergraduate [ʌndərgrǽdʒuət] 학부생 (cf. graduate 대학원 생)

the first-rate professional school 일류 전문 교육학교

graduate program 대학원 과정

point to ~ ~를 증명[입증]하다

with great pride 위대한 자부심으로

a vital part 핵심적인 부분

take place 발생하다, 일어나다 (= occur, happen)

stacks [stæks] 서고(書庫)

late at night 밤늦게

transfer [trænsfə́ːr] 전수하다, 전해주다

work effectively 효과적으로 일하다

emerge [imə́ːrdʒ] **from ~** ~에서 벗어나다, ~에서 탈피하다, ~에서 나오다

enduring and robust [indjúəriŋ] [roubʌ́st] 참을성 있고 건전한

문장 구조

Whether as undergraduates or **to join** the first-rate professional schools and graduate programs **that** the College can point to with great pride.
→ whether ~ to join은 '학부생으로든지, 참여하기 위해서든지 간에'라는 뜻이며, that은 programs를 선행사로 받는 관계대명사이다.

But **just as** important to that learning is what happens out on Whitey Burnham Field, up on Mount Moosilauke, here on the stage in the Hop and, yes, even late at night on Webster Avenue.
→ just as ~는 '마치 중요한 것처럼', '역시 Whitey Burnham Field에서 일어난 것도 중요하다'의 뜻이다.

Education is **not just** about transferring knowledge — it is about learning **how to be citizens** of the world, **how to work effectively** with others as part of a team, and **how to emerge from** your studies with an enduring and robust philosophy of life.
→ not just는 not only로 바꿔 쓸 수 있으며, how to ~ (~하는 방법) 세 개가 병렬로 연결되어 있다.

직독[청] 직해: 읽어가며[들어가며] 바로 이해하기 훈련

Young people from many, many backgrounds / come here / because of
다양한 배경을 가진 젊은이들이   이곳에 옵니다

the exceptional learning experience / that Dartmouth offers / – whether as
우수한 학습 경험 때문에   다트머스가 제공하는   학부생으로서든

undergraduates / or to join the first-rate professional schools and graduate
             아니면 일류 전문 교육학교와 대학원 과정의 일원이 되고자 하든 간에

programs / that the College can point to / with great pride. // Certainly, /
        대학이 거론할 수 있는   강한 자부심을 느끼며   분명히

a vital part of that learning / takes place / in the class rooms / in Kemeny,
이런 배움의 핵심적인 부분은   이루어집니다   교실에서   바로 Kemeny,

in Dartmouth Hall, the labs in Fairchild / and among the stacks in Baker. //
다트머스 홀, Fairchild의 실험실에서   그리고 Baker의 서고(書庫)에서

But just as important to that learning / is what happens out / on Whitey
그러나 그런 배움만큼이나 중요한 것이   일어난다는 것입니다

Burnham Field, up on Mount Moosilauke, here on the stage in the Hop / and,
Whitey Burnhan 축구장에서, 무실라우케 산에서, 여기 Hop 무대 위에서   그래요

yes, / even late at night on Webster Avenue. // Education is not just about
     늦은 밤 웹스터 거리에서조차   교육은 단지 지식만을 전달하는 것이

transferring knowledge / – it is about learning / how to be citizens of the
아닙니다   그것은 배우는 것입니다   세계 시민이 되는 방법을

world, / how to work effectively with others / as part of a team, / and how to
       다른 사람들과 효과적으로 일하는 방법을   팀의 일원으로   그리고 자신의 연

emerge from your studies / with an enduring and robust philosophy of life.//
구로부터 세상에 나오는 방법을   영속적이고 확고한 삶의 철학을 가지고

Further Study

발음팁

certainly 코맹맹이 발음을 내야 하니까 [썰.은리]로 발음해야 한다. [썰]하고 재빨리 짧게 끊었다가 [은] 발음을 내면 된다.

vital [바이털], [바이탈]로 발음하는 사람이 많을 것이다. 하지만 본토 발음을 내려면 [봐이를]로 해주면 된다. 첫 자음 v는 위 아래 입술이 달락말락하게 발음해주고, t는 모음과 모음 사이에 있으니까 [ㄹ]로 유화되고 모음 a에 강세가 없어 [으]로 약화되었다.

knowledge [놀리지]나 [널리지]로 발음하는 경우가 많은데 [날리쥐] 정도로 발음해야 한다.

emerge '~에서 나오다'라는 뜻인데 첫 모음에 강세가 없어 merge(합병하다)로 들리기 쉽다. 이럴 때는 이어지는 뒷 단어 from을 힌트로 활용해서 알아들어야 하는데 from이 전치사라 이마저 놓치기 쉽다.

Useful Expressions

exceptional 뛰어난, 훌륭한, 예외적인
He has *exceptional* ability in foreign languages. 그는 외국어에 남다른 재능이 있다.
This cold weather is *exceptional* for spring. 이런 추운 날씨는 봄 날씨 치고는 예외적이다.

late at night 밤늦게
She worked overtime and came home *late at night*. 그녀는 야근을 하고 밤늦게 집에 왔다.

work effectively 효과적으로 일하다
We need to *work effectively* and manage our time efficiently to meet the deadline.
우리는 마감시한을 맞추기 위해서는 효과적으로 일하며 효율적으로 시간을 관리할 필요가 있다.

emerge from ~ ~에서 벗어나다, ~에서 탈피하다
He still couldn't *emerge from* poverty. 그는 아직도 가난에서 벗어나지 못했다.
He wants to *emerge from* the same routine work.
그는 다람쥐 쳇바퀴 같은 일상사에서 벗어나고 싶어한다.

Writing Practice

1 그들은 자신만만하고 위엄 있게 처신했다. (큰 자부심을 가지고, 자신 만만하게 with great pride)
   _____

2 한국에서 핵안보 회의가 언제 열렸습니까? (일어나다, 발생하다, 열리다 take place)
   _____.
   대화재가 어디서 일어났습니까? _____?

Answer 1. They behaved themselves with great pride and dignity.
2. When did the nuclear security conference take place in Korea?
Where did the great fire take place?

12 Making World Troubles My Troubles

Like President Dickey, I've spent much of my career in places that are very different from Hanover. I've spent plenty of time in the classroom, but also in the slums of Peru, amid the rural poverty of Haiti, in post-genocidal Rwanda, and in the snowy [1]cold of Siberia. In my small way, I've tried to make the world's troubles my troubles. I've tackled them directly by setting up treatment programs, working to lower the prices of life-saving drugs and changing global health policy. But I've always known that my own impact as an individual will be limited. That's why I've worked to teach and mentor young people who can have [2]a far greater impact than me. That's what attracted me to this extraordinary place called Dartmouth College. Here, we have all the tools to prepare an army of future leaders: students like you who will go out into the world and, by making the most of what you learn from your professors and from each other, make that world more productive, more enlightened, more humane and more just.

중요표현 해설

[1] cold는 다양한 품사와 형태를 취하며 여러 상황에서 미묘한 의미적 차이를 보인다. native의 감각을 기르는 방법 중 하나는 이런 기본명사와 동사 등에 대한 활용을 다양한 문장을 통해서 익히는 것이다. 예를 들어, I have a cold(I've got a cold).라고 하면 이미 감기에 걸린 상태를 나타내는 표현인 '나 감기 걸렸다'가 되고, I am coming down with a cold.라고 하면 '감기에 걸릴 것 같다'는 표현이다. 여기에서는 '추움, 추운 곳'의 의미를 가진 명사로 쓰이고 있다.

[2] a far greater impact에서 far는 비교급을 강조하는 부사이다. 비교급을 강조하는 부사에는 even, much, a lot, still 등이 있다.

ex. His ability is far greater than mine.

더 나은 세상을 만들어가자

디키 총장처럼, 저도 하노버와는 아주 다른 장소들에서 대부분의 일을 하며 보냈습니다. 저는 교실에서도 많은 시간을 보냈지만, 페루의 슬럼가, 아이티의 가난한 시골에서, 대량 학살 이후 르완다에서, 그리고 눈에 덮인 혹한의 시베리아에서도 많은 시간을 보냈습니다. 미흡하지만, 저는 세상의 문제를 저의 문제로 생각하려고 노력했습니다. 저는 치료 프로그램을 만들어 이 문제들을 직접 해결함으로써 인명을 구하는 약값을 낮추려고 노력했고 세계보건 정책을 변화시켰습니다. 저는 개인으로서의 저의 영향력은 제한적일 것이라는 것을 늘 알고 있었습니다. 그렇기 때문에 저는 저보다 훨씬 더 큰 영향력을 미칠 수 있는 젊은 사람들을 가르치고 조언하기 위해 노력해왔습니다. 이 때문에 저는 다트머스 대학이라는 이 특별한 곳에 매혹되었습니다. 우리는 미래의 지도자들을 준비시키는 모든 도구를 여기에 갖추고 있습니다. 사회에 발을 내딛는 여러분과 같은 학생들은 교수들로부터, 그리고 학생들 간에 서로 배운 것을 최대한 활용하여 이 세상을 좀 더 생산적이고, 더 개화되고, 더욱 인간적이며 더욱 정의로운 세상으로 만듭니다.

문장 구조

I've spent much of my career **in** places **that** are very different from Hanover. I've spent plenty of time **in** the classroom, but also **in** the slums of Peru, amid the rural poverty of Haiti, **in** post-genocidal Rwanda, and **in** the snowy cold of Siberia.

→ 'in 이하에서 대부분의 일을 하면서 보냈다'는 문장으로, 다섯 개의 in이 병렬로 연결되어 있다. 그리고 that은 places를 선행사로 받는 관계대명사로 사용되었다.

In my small way, I've tried to **make** the world's troubles my troubles. I've tackled them directly **by setting** up treatment programs, **working** to lower the prices of life-saving drugs and **changing** global health policy.

→ 이 문장에서 make는 5형식 동사로 쓰여서 뒤에 목적어와 목적 보어를 받고 있으며, by setting과 같이 working과 changing도 by에 걸리고 있다.

students like you **who will go** out into the world and, by making the most of what you learn from your professors and from each other, **make** that world more productive, more enlightened, more humane and more just.

→ 관계대명사인 who 다음에 will go처럼 make도 who에 걸리는 동사이다.

Words & Phrases

career[kəriər]
경력[커리어], 직업 (= job)

slum[slʌm] 빈민가

amid the rural poverty
시골의 가난함 가운데서

in post-genocidal Rwanda
학살 이후 르완다에서

snowy cold of Siberia
눈에 덮인 혹한의 시베리아

in my small way
미약하지만

tackle[tækl]
해결하다 (= solve)

set up treatment programs
치료 프로그램을 만들다

lower 낮추다 (= reduce)

life-saving drugs
생명을 살리는 약

global health policy
세계보건정책

impact[ímpækt]
영향 (= influence, effect); 충격

mentor[méntɔːr]
조언자 (= advisor)

have a far greater impact on ~
~에 훨씬 더 큰 영향을 주다

attract[ətrǽkt]
~의 마음을 끌다, 매혹하다

extraordinary place
특별한 장소

tool 도구

an army of future leaders
일단의 미래의 지도자들

productive[prədʌ́ktiv]
생산적인

enlightened[inláitnd]
개화된

humane[hjuːméin]
인간적인

just[dʒʌst]
정의로운, 공정한

직독[청] 직해: 읽어가며[들어가며] 바로 이해하기 훈련

Like President Dickey, / I've spent much of my career / in places / that are
　디키 총장처럼　　　　　저도 대부분의 일을 하며 보냈습니다　　　장소들에서

very different / from Hanover. // I've spent plenty of time / in the classroom,/
　아주 다른　　　하노버와는　　　저는 많은 시간을 보냈지만　　　교실에서

but also in the slums of Peru, / amid the rural poverty of Haiti,/ in post-
또한 페루의 슬럼가에서에서도　　　아이티의 가난한 시골에서　　　대량 학살

genocidal Rwanda, / and in the snowy cold of Siberia. // In my small way,/ I've
　이후 르완다에서　　　그리고, 눈에 덮인 혹한의 시베리아에서　　　미흡하지만　　　저는

tried / to make the world's troubles my troubles. // I've tackled them directly /
노력했습니다　　세상의 문제를 제 문제로 만들려고　　　저는 이 문제들을 직접 해결했습니다

by setting up treatment programs, / working to lower the prices of life-
　　치료 프로그램을 만듦으로써　　　　　인명을 구하는 약값을 낮추려고 노력하며

saving drugs / and changing global health policy. // But I've always known /
　　　　　　세계보건 정책을 변화시키면서　　　그러나 저는 늘 알고 있었습니다

that my own impact as an individual / will be limited. // That's why /
　개인으로서 제 자신의 영향력이　　　제한적일 거라는 걸　　　그렇기 때문에

I've worked to teach and mentor young people / who can have a far greater
저는 젊은 사람들을 가르치고 조언하려고 노력했습니다　　훨씬 더 큰 영향력을 미칠 수 있는

impact / than me. // That's what attracted me / to this extraordinary place /
　　저보다　　이것 때문에 매혹되었습니다　　　이 특별한 장소에

called Dartmouth College. // Here, we have all the tools / to prepare an army
　다트머스 대학이라는　　여기에 우리는 모든 도구를 갖추고 있습니다　　미래의 지도자들을

of future leaders: / students like you / who will go out into the world / and,
　준비시키는　　　여러분과 같은 학생들은　　　사회에 발을 내딛을　　　그리고

by making the most of what you learn / from your professors and from each
　　배운 것을 최대한 활용하여　　　　교수들로부터 그리고 학생들 간에 서로

other, / make that world more productive, more enlightened, more humane
　　　이 세상을 좀 더 생산적이고, 더 개화되고, 더욱 인간적이며 정의로운 세상으로 만듭니다

and more just. //

Further Study

발음팁

poverty 미국식 발음으로 [파붜티] 또는 [파붜리]로 발음해주는 게 좋다. [포버티]는 콩글리시이고, [퍼붜티]는 영국식 발음.

tried, troubles tr로 시작되는 단어들의 경우, t를 [ㅌ]가 아니라 [ㅊ]로 발음해줘야 자연스럽다.

directly 이 발음은 [디뤡틀리] 또는 [다이뤡틀리] 두 발음 다 오케이.

policy 반드시 [팔러씨]로 발음해서 단박에 알아듣게 해야 한다. 혹시 [폴리씨]로 발음하게 되면 잘 못하면 police(경찰)로 착각하게 할 수 있다. policy는 가운데 모음에서 약 모음화현상이 일어나 I가 [어]로 발음된다.

humane human과 구분해서 [휴메인]으로 발음해줘야 한다. human과 humane은 발음도 다르고 뜻도 다르다.

Useful Expressions

in one's small way 작게나마, 미약하게나마
I feel honored to help out *in my own small way*. 작게나마 당신을 돕게 되어 영광입니다.

go out into the world 세상으로 나가다
If you *go out into the world*, you may face unexpected difficulties at first.
만약 네가 세상으로 나가면, 처음에는 예상치 않았던 어려움에 직면할지도 모른다.

humane 인간적인
A lot of refugees in the detention camp don't get *humane* treatment.
임시[강제] 수용소의 많은 난민들은 인간적인 대접을 받지 못하고 있다.

Writing Practice

1. 그 팝가수는 관중의 우레와 같은 박수를 받으며 무대에 등장했다.
   (우레와 같은 박수를 받으며 amid a thunderous handclapping)

   _____.

2. 너는 지난주 해외 출장을 갔어. 그 때문에 내 전화를 받지 못한 거야.
   (해외 출장을 가다 take a business trip abroad / 그 때문에 ~이다 That's why)

   _____.

3. 세계일주 여행 경험은 그의 생활방식에 큰 영향을 주었다.
   (세계 일주 여행 an around-the-world trip / ~에 큰 영향을 미치다 have a great impact on ~)

   _____.

Answer 1. The pop star appeared on the stage amid a thunderous handclapping of the audience.
2. You took a business trip abroad last week. That's why you didn't answer my phone call.
3. His experience of an around-the-world trip had a great impact on the way he lived.

13 Take on the Problems (1)

I've found again and again in my career that when you set bold, ambitious goals, plenty of people will tell you that you're crazy or that it just can't be done. That's what they told us at Partners In Health, when we wanted to treat people suffering from multi-drug-resistant tuberculosis in the slums of Lima, Peru. It's what they told us at the World Health Organization when we wanted to treat three million people living with HIV in developing countries. I'm happy to say that we didn't listen to the naysayers. Now, people across the globe are being treated for both [1]drug-resistant tuberculosis and HIV, and the naysayers have been converted. If we teach nothing else at Dartmouth, we must teach our students to find their passion, to [2]aim high, work hard, and settle for nothing less than to transform the world.

중요표현 해설

[1] 의학과 관련된 표현은 스펠링과 발음 모두 까다로워 평소에 눈여겨 볼 필요가 있다.

bad hearing 청력불량 dizzy[dízi] 현기증 sneeze 재채기 bronchitis[braŋkáitis] 기관지염 drug allergy 약 알레르기 nettle rash 두드러기(cf. rash 발진) chill 한기 indigestion 소화불량 bad appetite 식욕부진 stool 변비 measles[mí:z-əlz] 홍역 influenza[flu] 유행성 감기 bruise 타박상 headache 두통 toothache 치통 heart disease 심장병 cancer 암 cold 감기 burn 화상 pimple 여드름 backache 등의 통증 Alzheimer's disease 알츠하이머병, 치매 asthma[ǽzmə] 천식 athlete's foot 무좀 chicken pox 수두 cramp(= charley horse) 경련 epidemic 전염병 fracture 골절 infection 전염, 전염병 insomnia[insάmniə] 불면증 ulcer 궤양, 종기 diarrhea 설사 indigestion 소화불량 malnutrition 영양조 sore throat 인후통 external injury 외상 internal bleeding 내출혈 arthritis[a:rθráitis] 관절염 sprain 염좌(관절을 삠) wisdom teeth 사랑니 front teeth 앞니 back tooth 어금니 second teeth 영구치 decayed teeth 충치 acute 급성의 appendicitis[əpèndəsáitis] 맹장염 neuralgia[njuəráldʒə] 신경통 chronic 만성의 nausea [nɔ́:ziə] 구토 heartburn 가슴이 쓰림 bloody stool 피변 heart freeze 갑자기 차가운 것을 먹고 가슴이 아픈 것 pneumonia[njumóunjə] 폐렴 diabetes[dàiəbí:ti] 당뇨병 tonsillitis[tὰnsəláitis] 편두선염 earache 이통(귀가 아픔) stomachache 위통 AIDS(Acquired Immune Deficiency Syndrome) 후천성 면역결핍증 neurosis [njuəróusis] 신경증, 노이로제 rabies[réibi:z] 광견병 stroke 뇌졸중 STD(Sexually Transmitted Disease) 성병 nose bleeding 코피 running nose 콧물

[2] 좋은 글이란 표현이 명료하고, 간결하며, 수사적 표현이 있어야 한다. 예를 들어, 본문에서 '높은 이상을 품어라'는 맥락의 표현을 'Aim high'라는 두 단어로 멋지게 표현하고 있는 데 반해, 한국어 학습자라면 이를 어떻게 표현했을지 궁금하다. 실제 원어민들이 사용한 영어표현은 간략하고 명료하다. 평소 쉬운 표현을 활용하여 자신의 의사를 전달하려는 '쉽지 않은 방법'을 익히도록 노력해야 한다.

어떤 난제를 만나도 피하지 말자

담대하고 야심찬 목표를 세울 때, 많은 사람이 '미쳤다' 또는 '불가능해'라고 말한다는 것을 제 일을 하면서 저는 또다시 알게 되었습니다. 이는 제가 페루의 리마라는 슬럼가에서 다제내성 결핵을 앓고 있는 사람들을 치료하고 싶다고 했을 때 사람들이 Partners In Health의 우리에게 했던 말입니다. 그리고 우리가 개발도상국에서 에이즈에 감염된 3백만 명을 치료하기 원한다고 했을 때, 세계보건기구에 속한 우리에게 사람들이 했던 말입니다. 우리가 안 된다고 말한 사람들의 말을 귀담아 듣지 않았다고 말하게 되어 기쁩니다. 이제 약제 내성 결핵과 에이즈에 감염된 전 세계 사람들이 치료받고 있으며, 안 된다고 말하던 사람들은 자신의 생각을 바꾸었습니다. 만약 우리가 다트머스에서 가르칠 것이 없다면, 우리는 학생들에게 자신의 열정을 찾고, 높은 곳을 바라보며, 열심히 노력해서 그야말로 세상을 변화시킬 수 있도록 가르쳐야 합니다.

Words & Phrases

again and again
재차, 또다시, 반복해서 (= over and over, over and again, repeatedly)

set bold, ambitious goals
대담하고 야심찬 목표를 세우다

treat[triːt]
치료하다 (= heal)

suffering from ~
~를 앓고 있는

multi-drug-resistant tuberculosis
다제내성 결핵

slum[slʌm]
빈민가

HIV
인간 면역 결핍 바이러스[에이즈 바이러스]

developing countries
개발도상국 (cf. underdeveloped countries 저개발국, developed countries 선진국)

naysayer[néisèiər]
(습관적인) 반대론자, 회의론자

across the globe
전 세계적으로 (= all over the world, across[throughout] the world)

convert[kənvə́ːrt]
(의견 등을) 바꾸다; 전향하다

passion
정열, 열정

aim[eim] **high**
원대한 꿈을 가지다

settle[sétl] **for ~**
~에 만족하다 (= satisfy for ~)

nothing less than
꼭 ~만은, 다름 아닌

transform[trænsfɔ́ːrm]
변화시키다 (= change)

문장 구조

If we teach nothing else at Dartmouth, we must teach our students **to find** their passion, **to aim** high, work hard, and **settle** for nothing less than to transform the world.

→ 이 문장의 구조는 'teach ~ to ~'의 구문으로 to 부정사가 병렬로 연결되어 있다. 즉 to find, to aim, 그리고 (to) settle 등이 병렬로 연결되어, '우리 학생들에게 찾고, 목표를 갖고, 만족하게끔 가르친다'로 되어있다.

직독[청] 직해: 읽어가며[들어가며] 바로 이해하기 훈련

I've found again and again / in my career / that when you set bold, ambitious
저는 또다시 알게 되었습니다   제 일을 하면서   담대하고 야심찬 목표를

goals, / plenty of people will tell you / that you're crazy / or that it just
세울 때   많은 사람이 말한다는 것을   당신은 미쳤다고   혹은 그건

can't be done. // That's what they told us / at Partners In Health, / when we
불가능하다고   이는 그들이 우리에게 했던 말입니다   Partners In Health에 있는

wanted to treat people / suffering from multi-drug-resistant tuberculosis /
우리가 사람들을 치료하고 싶다고 했을 때   다제내성 결핵을 앓고 있는

in the slums of Lima, Peru. // It's what they told us / at the World Health
페루의 리마라는 슬럼가에서   그것은 사람들이 우리에게 했던 말입니다   세계보건기구에 속한

Organization / when we wanted to treat three million people / living with
    우리가 3백만 명을 치료하기 원한다고 했을 때   에이즈에

HIV / in developing countries. // I'm happy to say / that we didn't listen
감염된   개발도상국에서   저는 말하게 되어 기쁩니다   우리가 안 된다고 말한 사람들의

to the naysayers. // Now, / people across the globe / are being treated / for
말을 귀담아 듣지 않았다고   이제   전 세계의 사람들이   치료받고 있으며

both drug-resistant tuberculosis and HIV, / and the naysayers have been
약제 내성 결핵과 에이즈에 대해   안 된다고 말했던 사람들은 생각을

converted. // If we teach nothing else / at Dartmouth, / we must teach our
바꾸었습니다   만약 우리가 가르칠 것이 없다면   다트머스에서   우리는 학생들에게 가르쳐야

students / to find their passion, / to aim high, / work hard, / and settle for
합니다   자신의 열정을 찾고,   높은 곳을 바라보며   열심히 노력해서

nothing less than to transform the world. //
    그야말로 세상을 변화시킬 수 있도록

Further Study

발음팁

didn't 부정의 조동사는 항상 강하게 발음해줘야 한다. 그러니까 [디든(트)]을 발음할 때, [디든]을 강하고 분명하게 발음해주면서 (트)를 약하게 발음해주면 된다.

drug [드뤅], [즈뤅], [쥬럭] 세 발음 다 통한다.

settle 첫 모음 e를 강세가 있는데도 [에]로 발음하는 사람들이 많은데 e에 강세가 들어갈 때는 [에]가 아니라 [애]에 가깝게 발음해주는 게 좋다. 그러니까 이 발음은 [쎄를]로 발음해야 한다.

Useful Expressions

again and again 재차, 또다시, 반복해서
  Why do you ask the same stupid question *again and again*?
  왜 바보 같은 질문을 계속해서 하니?
  I've told you *again and again* not to do that. 내가 그러지 말라고 몇 번을 말했을 텐데.

across the globe 전 세계적으로
  As a result of the global warming, many people are dying or suffering from flood, draught, and climatic changes *across the globe*.
  지구온난화의 결과로 전 세계적으로 많은 사람이 홍수, 가뭄, 그리고 기후 변화에 시달리고 있다.

aim high 원대한 꿈을 가지다, 큰 목표를 세우다
  I am *aiming high* in becoming the CEO of multi-national Corporation.
  나는 다국적 기업의 CEO가 되려는 큰 목표를 가지고 있다.

settle for ~ ~에 만족하다
  He had to *settle for* that amount of money as his annual salary.
  그는 연봉으로 그 액수의 돈에 만족해야만 했다.
  In the end they had to *settle for* a draw. 결국 그들은 무승부에 만족해야 했다.

Writing Practice

1 많은 아프리카 사람들이 설사와 말라리아로 고통 받고 있습니다.
  (~로 고생하는, ~한 병을 앓고 있는 suffering from ~)

  _____.

  대다수의 북한의 탈북 가족들은 가난으로 고생하고 있다.

  _____.

2 그 동경 대지진은 그야말로 대 재난이었다. (다름 아닌, 그야말로 nothing less than)

  _____.

Answer 1. Many African people are suffering from malaria and diarrhoea.
The majority of the escaping North Korean families are suffering from poverty.
2. The Tokyo's big earthquake was nothing less than a disaster.

13 Take on the Problems (2)

¹I know Dartmouth students can achieve anything to which they commit themselves. My job will be to make sure that Dartmouth gives you, our students, all the tools you need to do unprecedented things — whether in science or the arts or business or health — things that even today seem unimaginable. ²Who could ask for a better job than that? The anthropologist Margaret Mead once said, "Never underestimate the capacity of a small group of committed souls to change the world, indeed, it's the only thing that ever has." Well, we're not such a small group at Dartmouth and I've already met a lot of committed souls here. The greatest privilege of my life will be to work with all of you as President, to make the world's troubles our troubles, and to train leaders the likes of which the world has never seen, to take them on. Thank you all for welcoming me. I can't wait to get started. It is, as we all know, a small college. And yet the Kim family already loves it. Thank you very much.

중요표현 해설

1. 최근 구어체에 대한 관심과 지나친 문법을 피하려는 경향으로 문법의 중요성이 왜곡된 점이 없지 않다. 지나친 문법교육은 마땅히 지적해야 할 일이지만, 그렇다고 문법 자체를 등한시해서는 안 된다. 본문에서 'I know Dartmouth students can achieve anything to which they commit themselves.'의 문장을 보면, 전치사 + 관계대명사의 표현이 나온다. commit oneself to는 두 문장이 결합되면서 전치사 to가 관계대명사 which 앞으로 이동한 경우다. 구어체든 문어체든 문장을 형성하는 뼈대인 문법을 모르고선 두 개의 문장을 제시된 문장과 같이 간결하게 표현할 수 없다. 듣기, 말하기, 쓰기와 함께 반드시 병행해야 하는 것이 기본적인 문법사항이다.

2. 문장의 형식은 의문문이나, 대답을 요구하지 않고 강한 긍정 또는 강한 부정의 수사적 효과를 가지는 의문문을 수사의문문이라 한다. 본문에서 'Who could ask for a better job than that?'이라는 표현이 바로 수사의문문의 한 형태라고 볼 수 있다.

   ex. Who knows where he is? (그가 어디 있는지 누가 알겠어?) (= Nobody knows. Only God knows.)
   Who is there but commit error? (실수하지 않는 사람이 어디 있나?) (= Everyone makes mistakes.)

어떤 난제를 만나도 피하지 말자

저는 다트머스 학생들이 자신들이 하겠다고 다짐한 어떠한 일도 이룰 수 있다는 것을 알고 있습니다. 제가 할 일은 다트머스가 우리의 학생인 바로 여러분에게 전례 없는 일을 하는 데 필요한 모든 수단을 제공할 수 있도록 보장하는 것입니다. 그것이 과학이든, 인문이든, 경영이든 또는 건강 분야든 오늘 날에조차 상상할 수 없는 것으로 보이는 것을 말이죠. 누가 이보다 더 고상한 일을 요구할 수 있겠습니까? 인류학자 마거렛 미드는 이렇게 말한 적이 있습니다. "소규모일지라도 확고한 의지를 가진 사람들의 세상을 바꾸려는 능력을 절대 과소평가하면 안 됩니다. 사실 이것이야말로 지금까지 세상을 변화시킨 유일한 것입니다." 다트머스는 그러한 작은 단체가 아닙니다. 저는 이미 이곳에서 명확한 목표의식을 가진 많은 사람을 만났습니다. 제 삶에 있어 가장 큰 특권은 총장으로서 여러분 모두와 함께 일을 하면서 세상의 문제를 우리의 문제로 여기고, 세상이 아직 배출하지 못했던 그런 지도자들을 훈련시켜 이런 문제를 해결하는 것입니다. 저를 환영해주신 여러분 모두에게 감사드립니다. 총장 일이 정말 기다려집니다. 이곳은 아시다시피 아담한 대학입니다. 그러나 저의 가족은 이미 이곳을 사랑합니다. 대단히 감사합니다.

Words & Phrases

achieve[ətʃíːv]
달성하다

commit[kəmít] **oneself to ~**
~에 헌신하다

make sure
~을 확실히 하다, 꼭 ~하다

tool
도구

unprecedented thing
[ʌnprésidəntid]
전례 없는 일

unimaginable
[ʌnimǽdʒənəbl]
상상할 수 없는

anthropologist
[ænθrəpάlədʒist]
인류학자

underestimate
[ʌndəréstəmèit]
과소평가하다 (= undervalue)

capacity[kəpǽsəti]
능력 (= ability)

committed souls
[kəmítid]
확고한 의지를 가진 사람들

privilege[prívəlidʒ]
특권

trouble
문제, 골칫거리

likes
그런 부류의 사람들

take on
해결하다 (= solve)

I can't wait to ~
무척 ~하고 싶어 죽겠다

문장 구조

The greatest privilege of my life will be **to work** with all of you as President, **to make** the world's troubles our troubles, and **to train** leaders the likes of which the world has never seen, **to take** them on.

→ 이 문장도 to work, to train, 그리고 to take가 be동사의 보어로, 병렬로 연결되어 있다.

직독[청] 직해: 읽어가며[들어가며] 바로 이해하기 훈련

I know / Dartmouth students can achieve anything / to which they commit
저는 알고 있습니다   다트머스 학생들이 어떠한 일도 이룰 수 있다고   자신들이 하겠다고 다짐한

themselves. // My job will be to make sure / that Dartmouth gives you, our
　　　　　　제가 할 일은 보장하는 것입니다   다트머스가 우리의 학생인 바로 여러분에게

students, / all the tools you need / to do unprecedented things / – whether
제공할 수 있도록   필요한 모든 수단을   전례 없는 일을 하는 데

in science or the arts or business or health / – things that even today
그것이 과학이든, 인문이든, 경영이든 또는 건강 분야든   오늘날에조차 상상할 수 없는

seem unimaginable. // Who could ask for a better job / than that? // The
것으로 보이는 것을   누가 더 고상한 일을 요구할 수 있겠습니까   이보다

anthropologist Margaret Mead once said, / "Never underestimate / the
인류학자 마거릿 미드는 이렇게 말한 적이 있습니다   절대 과소평가하면 안 됩니다

capacity of a small group of committed souls / to change the world, / indeed,
소규모일지라도 확고한 의지를 가진 사람들의 능력을   세상을 바꾸려는   사실, 이것이야말로

it's the only thing that ever has." // Well, we're not such a small group / at
지금까지 세상을 변화시킨 유일한 것입니다   우리는 그러한 작은 단체가 아닙니다

Dartmouth / and I've already met / a lot of committed souls / here. // The
다트머스의   저는 이미 만났습니다   명확한 목표의식을 가진 많은 사람들을   여기에서

greatest privilege of my life / will be to work with all of you / as President, /
제 삶에 있어 가장 큰 특권은   여러분 모두와 함께 일을 하는 것입니다   총장으로서

to make the world's troubles our troubles, / and to train leaders the likes /
세상의 문제를 우리의 문제로 여기고   그런 지도자들을 훈련시키고

of which the world has never seen, / to take them on. // Thank you all / for
세상이 아직 배출하지 못했던   그리하여 문제를 해결하는   여러분 모두 감사합니다

welcoming me. // I can't wait / to get started. // It is, / as we all know, / a small
저를 환영해 주셔서   정말 기다려집니다   일을 시작하는 것이   이곳은   아시다시피   아담한

college. // And yet the Kim family already loves it. // Thank you very much. //
대학입니다   그러나 저의 가족은 이미 이곳을 사랑합니다   대단히 감사합니다

Further Study

발음팁

arts 자음 세 개가 몰려 있으니까 가운데 t는 거의 안 들리게 발음해야 한다. [아얼스]처럼.

capacity 강세를 가운데 두고 [커패씨디]로 발음해야 한다. 강세의 중요성을 모르는 사람들은 [캐퍼시티]로 발음하여 전달이 안 될 수도 있다.

a lot of [어 랕 오브]나 [어 랕 어브]가 아니라 a는 거의 발음하지 말고 [(어)라러] 정도로 발음해주는 게 좋다.

family 아주 아주 많이 쓰이는 이 명사는 [ㅍ+해믈리] 또는 [ㅍ+해밀리]로 발음해야지, family mart의 포스터에 쓰인 것처럼 [훼미리]로 발음한다면 챔피언 급 콩글리시 발음이다.

Useful Expressions

make sure 확실히 하다, 꼭 확인하다

You have to always *make sure* you shut off the gas and turn off all the lights before you go out.
외출하기 전에 항상 가스를 잠갔는지, 모든 불을 다 껐는지 확인해야 합니다.

Make sure this medicine should be kept out of reach of children.
이 약은 꼭 아이들의 손이 닿지 않는 곳에 보관해야 한다.

unprecedented 전례가 없는

Such an exceptional promotion was *unprecedented* in the history of this company.
그러한 파격적인 승진은 이 회사에서는 전례가 없는 일이었다.

Writing Practice

1 그들은 지역과 나라 발전에 헌신하고 있다.
(~에 헌신하다 commit oneself to ~)

_____.

2 나는 한반도의 통일을 몹시 보고 싶다.
(몹시 ~하고 싶다 I can't wait to ~)

_____.

Answer 1. They are committing themselves to the regional and national development.
2. I can't wait to see the reunification of the Korean Peninsula.

14 Optimism is a Moral Choice

Carol Folt: Optimism has to be a really important habit.

President Kim: Well, let me go further, Carol. I would say this. One of the discussions I had with Tracy Kidder, Tracy kept saying you guys are so optimistic and every piece of evidence suggests that you should be pessimistic. People are poor, people are dying of hunger and yet you guys are optimistic about what you can do. [1]One of the things I said to him [was], I don't know quite how it fits in, but it ring, rang true to me at the time rang true to me I sort of said it to him.. was it, you know, when you are dealing with really terrible situations, with the poorest people on the planet, optimism is not the result of rational decision making, optimism is a moral choice. Because if you are in a place like Haiti and everything is falling down around you and you chose to be pessimistic, outcomes will be very bad for the people you work with. Now, you know, it is not to say that you should be wildly optimistic without being critical. The Italian philosopher, Antonio Gramsci, used to talk about a pessimism of the intellect but an optimism of the spirit, so that (it) is precisely the combination that I think you need at a place like Dartmouth College. It is not hard though, I tell you, to be optimistic when you get to hang out with Dartmouth students every day, I I mean, that you know, you guys are a constant source of optimism for me.

중요표현 해설

[1] 구어체에서 문어체와 달리 기능어(functional words)에 해당하는 내용은 생략되는 경우가 있다. 'One of the things I said to him (was), I don't know ~' 문장에서 'was'가 생략되어 있다. 본문에서 명사절을 이끄는 that까지 생략된 was만 표시했으나, 원래 문장을 모두 표현한다면 'One of the things I said to him was that I don't know ~'가 된다.

끊임없는 낙관주의의 원천

Carol Folt: 낙관주의라는 것이 정말 중요한 습관이네요.

김용 총장: 캐롤, 덧붙여서 말씀드린다면… 제가 트레이시 키더와 논의했던 것 중 하나인데요. 트레이시는 '당신들은 너무 낙관적이에요. 모든 증거를 볼 때 비판적이어야 하는데… 사람들은 가난하고, 굶어 죽어가고 있는데, 당신들은 자신이 할 수 있는 일에 너무 낙관적이네요.'라고 계속 말하더군요. 제가 그에게 말했던 것 중 하나는, 그것이 어떻게 들어맞는지 모르지만, 그 당시에 그에게 그것을 말한 것이 옳았다는 생각이 떠올랐습니다. 여러분이 정말 비참한 상황을 대하고, 세상에서 가장 가난한 사람들을 대하다 보면, 낙관주의란 합리적인 의사결정의 결과가 아니라, 바로 도덕적 선택이라는 점이었습니다. 여러분이 아이티와 같은 곳에 있는데 주변의 모든 것이 무너져 비관적이 되어버린다면, 결과는 여러분이 함께 일하는 사람들에게 아주 나쁠 것입니다. 아시겠지만, 비판적인 사고 없이 무조건 낙관적이어야 한다는 말이 아닙니다. 이탈리아의 철학자 안토니오 그람시는 '이성으로 비관하고, 의지로 낙관하라'라는 말을 했는데, 제가 생각하기로 다트머스 대학과 같은 곳에서 여러분에게 필요한 것이 바로 이 조합입니다. 그러나 다트머스 학생과 매일 함께 할 수 있다면 낙관적인 입장이 되는 것이 그다지 어려운 일이 아니라는 것을 말씀드립니다. 여러분은 저에게 끊임없는 낙관주의의 원천입니다.

Words & Phrases

Let me 내가 ~하겠다
go further 더 나아가다, 덧붙이다
keep saying 계속해서 말하다
every piece of evidence 모든 증거 (*cf.* a piece of evidence 한 점의 증거)
pessimistic[pèsəmístik] 비관적인
die of hunger 기아로 사망하다
deal with ~ ~를 다루다, 취급하다 (= handle)
on the planet[plǽnit] 지구상에서 (= in the world, on the globe)
rational decision making 합리적인 의사 결정
fall down 무너지다
outcome 결과 (= result, consequence)
wildly[wáildli] 난폭하게, 심하게
critical[krítikəl] 비판적인
philosopher 철학가 [filάsəfər]
used to ~ ~하곤 했다
the intellect[íntəlèkt] 지식층
optimism of the spirit 낙관적인 정신
precisely[prisáisli] 정확히
combination 조합 [kὰmbənéiʃən]
hang out with ~ ~와 함께 어울리다
a constant source of optimism[άptəmìzm] 끊임없는 낙관주의의 원천

문장 구조

One of the things I said to him [was], I don't know quite how it fits in, but it ring, rang true to me at the time rang true to me I sort of said it to him.. was it, you know, when you are dealing **with** really terrible situations, **with** the poorest people on the planet, optimism is **not** the result of rational decision making, optimism is a moral choice.

→ 이 문장에서는 첫째 문장의 dealing with의 with와 둘째 문장의 when 절의 with가 병렬로 연결되어 있다. 그리고 둘째 문장에 not이 있으므로 마지막 문장의 optimism 뒤에 but이 생략된 구문으로 보아, 'not A but B' (A가 아니라 B이다)의 의미로 쓰였다.

직독[청] 직해: 읽어가며[들어가며] 바로 이해하기 훈련

Carol Folt: Optimism has to be a really important habit. //
Carol Folt: 낙관주의라는 것이 정말 중요한 습관이네요

President Kim: Well, let me go further, / Carol. // I would say this. // One of
김용 총장: 덧붙여서 말씀드린다면 캐롤 이렇게 말해 볼게요 논의했던 것

the discussions / I had with Tracy Kidder, / Tracy kept saying / you guys
중 하나인데요 제가 트레이시 키더와 함께 트레이시가 계속 말했습니다 당신들은 너무

are so optimistic / and every piece of evidence suggests/ that you should be
낙관적이라고 그리고 모든 증거를 볼 때 당신들은

pessimistic. // People are poor, / people are dying of hunger / and yet you
비관적이어야 한다고 사람들은 가난하고 사람들은 굶어 죽어가고 있는데 여러분은 너무

guys are optimistic/ about what you can do. // One of the things / I said to him
낙관적이네요 당신들이 할 수 있는 일에 여러 가지 중 하나는 제가 그에게

[was] / I don't know quite how it fits in, / but it ring, rang true to me at the
말했던 그것이 어떻게 들어맞는지 모르지만 그 당시 옳았다는 생각이 떠올랐습니다

time rang true to me / I sort of said it to him.. was it, you know, / when you
  제가 그에게 그렇게 말한 것이 여러분이

are dealing with really terrible situations, / with the poorest people on the
정말 비참한 상황을 대하다 보면 세상에서 가장 가난한 사람들을 대하다 보면

planet, / optimism is not the result / of rational decision making, / optimism
  낙관주의란 결과가 아니고 합리적 의사결정의 낙관주의는

is a moral choice. // Because if you are in a place like Haiti / and everything
바로 도덕적 선택이라는 점입니다 왜냐하면 여러분이 아이티와 같은 곳에 있다면 그리고 주변의 모든 것이

is falling down around you / and you chose to be pessimistic, / outcomes
무너지고 있다면 그리고 여러분이 비관적이 되어버린다면 결과는

will be very bad for the people / you work with. // Now, you know, / it is not
사람들에게 아주 나쁠 것입니다 여러분이 함께 일하는 아시겠지만 이것은 말하는

to say / that you should be wildly optimistic / without being critical. // The
것이 아닙니다 무조건 낙관적이어야 한다고 비판적인 사고 없이

Italian philosopher, Antonio Gramsci, / used to talk / about a pessimism
이탈리아의 철학자 안토니오 그람시는 말하곤 했습니다 이성으로 비판하라고

of the intellect / but an optimism of the spirit, / so that (it) is precisely the
  그러나 의지로 낙관하라고 제가 생각하기로 여러분에게 필요한

combination that I think you need / at a place like Dartmouth College. // It
것이 바로 이 조합입니다 다트머스 대학과 같은 곳에서 그러나

is not hard though, I tell you, / to be optimistic / when you get to hang out /
그리 어려운 일이 아니라는 것을 말할 수 있습니다 낙관적인 입장이 되는 것은 함께 할 수 있다면

with Dartmouth students / every day, I I mean, that you know, / you guys
다트머스 학생들과 매일 여러분은 알 것입니다 여러분이

are a constant source of optimism / for me. //
끊임없는 낙관주의의 원천이라는 것을 저에게는

Further Study

발음팁

piece	peace(평화)와 발음이 같으니까 그럴 때는 독해력으로 구분해야 한다.
Haiti	보통 [아이티]라고 발음하는데, 고유이지만 정확한 발음은 [헤이리].
bad	bed(침대)와 구분해서 bad는 [배앧]처럼 [애] 발음을 약간 장음으로 발음해야 하고, bed는 [밷]하고 [애] 발음을 짧게 내야 한다.
Italian	t가 모음과 모음 사이에 있다 하더라도 강세가 들어가 [ㅌ] 발음을 강하게 내줘야 한다. [이탤리언]으로.
spirit	[스피리트]는 F학점 급이니까 (어) 발음을 살짝 넣어 주면서 [스피(어)맅]으로 발음해줘야 한다.
constant	강세가 첫 모음에 있으니까 o에 강세를 주면서 끝자음 t를 거의 발음하지 말아야 한다. 시범을 보이면 [칸스턴(트)]처럼.

Useful Expressions

Let me 내가 ~하겠다
   Let me introduce myself to you. 저를 소개하겠습니다.
   Let me put you through to Personnel Department. 인사과로 연결해 드리죠.

die of hunger 기아로 사망하다
   Quite a few children *die of hunger* every year, due to serious food shortages in North Korea.
   북한은 심각한 식량 부족 때문에 적지 않은 아이들이 매년 기아로 죽는다.

on the planet 지구 상에서, 세상에서
   There are millions of different life forms *on the planet* today.
   오늘날 지구 상에는 수백만 종의 다른 생명체가 있다.

hang out with ~ ~와 함께 어울리다
   Don't *hang out with* people who tell a lie. 거짓말하는 사람과 어울리지 마.

Writing Practice

1 나는 낙천적인 인생 철학을 가지고 있다. (낙천적인 optimistic)

   _____.

2 그는 똑같은 말을 계속 되풀이했다. (계속해서 말하다 keep saying)

   _____.

3 당신의 사업 성공에 대해서 너무 지나치게 비관적인 것 같아요. (비관적인 pessimistic)

   _____.

4 우리는 긍정적 결과를 고대하고 있다. (결과 outcomes)

   _____.

Answer 1. I have an optimistic philosophy of life.
2. He kept saying the same words over and over again.
3. You are far too pessimistic about the success of your business.
4. We are hopeful of positive outcomes.

15 What Risks Should Be Taking? (1)

Carol Folt: What important risks should we as students be taking?
President Kim: Well. The most important risk I think is to really [1]put yourself outside of your comfort zone. One of the things I was talking about just today with Professor Heatherton is that sometimes, of the four qualities, the third one is the ability to understand threat. And sometimes [in] students that quality is heightened overly. You think that if you have a bad hair day, as an example that everyone will notice. If you do something a little bit different from other people, other people will notice. I think it is really important to do things like take courses outside of your comfort zone. One of the areas that I have been looking at with Brian Kennedy and Jeff James of, you know, here in the Hopkins Center and Brian of the Hood Museum is the importance of the Arts in developing intellectual capacity. When I looked at that information, I [2]was blown away.

중요표현 해설

1. 'put yourself outside of your comfort zone'이란 표현은 '젊음'을 상징하는 도전과 열정을 담고 있다. 사람은 누구나 자신이 익숙한 공간, 익숙한 행동 등을 관성의 법칙과 같이 따르려는 성향(disposition)을 지닌다. 지식으로 편하게 살 수 있는 학문의 상아탑(ivory tower)에서 벗어난 쉽지 않은 길을 통해 삶의 본을 보이는 김용 총재를 볼 수 있다. 삶을 통해 실천해야 할 숭고한 표현이다.

2. 'blow away'는 '~을 압도하다, 감동시키다'의 뜻인데, 주로 수동태로 많이 쓰인다.
   ex. I was completely blown away by the concept he developed of human happiness. (나는 그가 전개한 인간 행복의 개념에 정말 감동했다.)

위대한 도전이란?

Carol Folt: 학생으로서 우리가 취할 수 있는 가장 중요한 도전은 무엇일까요?

김용 총장: 제가 가장 중요한 도전이라고 생각하는 것은 바로 자신을 자신이 익숙한 영역 밖에 놓는 것입니다. 오늘 Heatherton 교수와 제가 나눈 이야기 중 하나가 바로 때로는 네 가지 특징 중에서 세 번째가 바로 위기를 이해하는 능력이라는 것입니다. 그리고 때로는 학생들에게 이러한 특징이 지나치게 증대됩니다. 한 예를 들면, 아마 일진이 안 좋은 날에는 모든 사람이 알아챌 겁니다. 다른 사람과 조금 다르게 무엇인가를 한다면 사람들이 알아볼 거예요. 저는 자신에게 익숙하지 않은 수업을 들어본다든가 하는 것이 아주 중요하다고 봅니다. 제가 여기 홉킨스 센터와 후드 박물관의 Jeff James와 Brian Kennedy와 함께 보았던 영역 중의 하나는 바로 지적 능력을 개발하는 데 있어 인문학의 중요성입니다. 저는 이러한 정보를 보고 아주 놀랐습니다.

Words & Phrases

risk[risk]
모험 (예: take risks 모험을 무릅쓰다)

comfort zone
자신이 익숙한 영역

threat[θret]
위협 (= intimidation)

quality[kwάləti]
특징 (= characteristics)

heightened[háitnd]
증대[증가]되는 (= increased)

overly[óuvərli]
지나치게, 과도하게

a bad hair day
운이 나쁜 날

notice[nóutis]
알아보다

a little bit different from ~
~와는 약간 다른

like take courses
수업을 듣는 것과 같은

intellectual capacity
지적인 능력

blown[bloun] **away**
아주 놀란

문장 구조

One of the **things** I was talking about just today with Professor Heatherton is that sometimes, of the four qualities, the third one is **the ability** to understand threat.

→ One of the 뒤에는 반드시 복수명사가 사용되어야 하며, 그 복수명사인 things 뒤에는 관계대명사 that이 생략되어 있으며, (the) ability를 포함한 (the) right, (the) chance[opportunity], (the) way 등은 뒤에 to 부정사가 오면 앞 명사를 수식하는 형용사적 용법으로 사용된다.

직독[청] 직해: 읽어가며[들어가며] 바로 이해하기 훈련

Carol Folt: What important risks / should we as students be taking? //
Carol Folt:　　　　가장 중요한 도전은 무엇일까요　　　학생으로서 우리가 취할 수 있는

President Kim: Well. The most important risk I think / is to really put
김용 총장:　　　　　제가 생각하는 가장 중요한 도전은　　　　　　바로 자신을 놓는 것입니다

yourself / outside of your comfort zone. // One of the things I was talking
　　　　자신이 익숙한 영역 밖에　　　　　　　　나눈 이야기 중 하나가

about / just today / with Professor Heatherton / is that sometimes, / of the
　　　　바로 오늘　　Heatherton 교수와　　　　　　가끔

four qualities, / the third one is the ability / to understand threat. // And
네 가지 특징 중에서　세 번째가 그 능력이라는 것입니다　　위기를 이해하는

sometimes [in] students / that quality is heightened overly. // You think /
때로는 학생들에게　　　　이러한 특징이 지나치게 증대됩니다　　여러분은 생각할 겁니다

that if you have a bad hair day, / as an example / that everyone will notice. //
아마 일진이 안 좋은 날에는　　　한 예를 들면　　모든 사람들이 알아챌 겁니다

If you do something / a little bit different from other people, / other people
무엇인가를 한다면　　　　다른 사람과 조금 다르게　　　　　다른 사람들이

will notice. // I think it is really important / to do things / like take courses /
알아볼 거예요　　저는 아주 중요하다고 봅니다　　일을 하는 것이　　수업을 들어보는 등의

outside of your comfort zone. // One of the areas / that I have been looking
자신에게 익숙한 영역 밖의　　　영역 중의 하나는　　　　제가 보았던

at / with Brian Kennedy and Jeff James of, you know, here in the Hopkins
　　　　　　　　　　　　　　　　　여기 홉킨스 센터와 후드 박물관의

Center and Brian of the Hood Museum / is the importance of the Arts / in
Jeff James와　Brian Kennedy과 함께　　　　　　　인문학의 중요성입니다

developing intellectual capacity. // When I looked at that information, / I was
　　지적 능력을 개발하는 데 있어서　　　　이러한 정보를 보았을 때　　　　저는 아주

blown away. //
놀랐습니다

Further Study

발음팁

outside of 두 단어를 연음시키면서 [아우싸이러(브)]처럼 발음해줘야 자연스럽다.

heightened [하이튼드]이라고 발음하기 쉬운데 그렇게 하기보다는 [하잍.은(드)]이라고 발음하면 된다. [은] 앞에 .표시는 [잎] 발음을 재빨리 짧게 끊고 코맹맹이 발음 [은]을 발음하라는 필자의 사인이다. (드)는 [드] 발음을 아주 약하게 발음하라는 표시다.

a little bit 연설문이 지나갈 경우, a는 거의 안 들린다고 봐야 한다. 고로 이 세 단어의 의미는 문맥으로 잡아내야 한다.

zone 밑줄 친 z는 발음기호로 z다. 근데 이 z는 우리 한글에 없는 발음이라 발음하기가 쉽지 않다. 내가 독자 앞에서 직접 시범을 보여주고 싶은데 현실이 그렇지 못하니까 z 발음기호가 들어간 단어들을 외국인 성우가 발음하는 것을 집중해서 많이 들어보고 흉내 내길 바란다. 발음기호 z에 대한 요령을 가르쳐 주자면 이거다: 혀끝을 위 아래 이가 가볍게 맞댄 뒤에 갖다 대고 틈 사이로 공기를 내보내면서 "ㅈㅈㅈㅈㅈㅈ............" 발음을 거울 앞에서 많이 해보면 분명 좋아질 거라고 확신한다.

Useful Expressions

risks 모험, 위험, 도전
If you don't take *risks* in this business, you'll never succeed.
이 사업에서 모험을 감수하지 않으면 절대 성공하지 못할 거야.

threat 위협 (= intimidation)
The *threat* of North Korea's nuclear testing posed a serious threat to our national security.
북한의 핵실험 위협은 우리 국가 안보를 심각하게 위협했다.

blown away 아주 놀란
I was *blown away* when she attempted to commit suicide.
나는 그녀가 자살 시도를 했을 때 깜짝 놀랐다.

Writing Practice

1 내 꿈은 너의 것과는 약간 달라.
   (~와는 약간 다른 a little bit different from ~)

Answer My dream is a little bit different from yours.

15 What Risks Should Be Taking? (2)

For example, learning to play the piano when you are four is correlated with [1]being better at conflict resolution when you are six. There are parts of your brain that light up simultaneously when you listening to music that don't light up simultaneously in other situations. So, there is something about the Arts that is really important. [2]For me, one of the things that I have been intending to do and I am still intending to do it, is to begin exploring music and art more myself. Personally, I never did. I thought that the ability to draw was a fixed trait. I tell you I thought that up until last year, when I saw people who were in a drawing class for the very first time do beautiful work. So for the sake of your mind, take the kinds of risks that put you into uncomfortable areas; that put you into areas that really make you, you could almost feel your neurons being remade. Those are great risks. Taking risks that just seem to be exhilarating, especially under the influence of alcohol, I'd say, avoid those risks.

중요표현 해설

[1] '~을/를 잘 한다'의 'be good at'에서 원급인 good을 비교급으로 바꾸어 멋진 표현을 만들어 낼 수 있다. 'be better at'은 '~을/를 더 잘 하다'의 의미다.

[2] 'for me'라는 표현은 '나라면, 나의 경우'라는 의미인데, as for me에서 as를 생략한 형태이다. 같은 표현으로 'as far as I am concerned'가 있다.

ex. As for me, money is not a priority. (나의 경우 돈은 우선순위가 아니다.)

As far as I am concerned, what you just mentioned is in the past. (나의 경우, 네가 방금 언급한 것은 과거의 일이야.) → 전혀 신경 쓰지 않는다는 의미.

위대한 도전이란?

예를 들면, 네 살 때 피아노 치는 것을 배우는 것은 여섯 살 때 갈등 해결을 더 잘 하는 것과 상관관계가 있다는 겁니다. 다른 상황에서는 동시에 켜지지 않는(활동하지 않는)데 음악을 들을 때는 동시에 켜지는 뇌 부분들이 있습니다. 그래서 정말 중요한 무엇인가가 인문학에는 존재합니다. 저의 경우, 제가 하려고 생각해왔고, 지금도 하려고 하는 것 중 하나가 바로 음악과 예술을 좀 더 탐구해보는 것입니다. 개인적으로 한 번도 해 본 적은 없습니다. 저는 그림을 그리는 재능은 이미 정해진 능력이라고 생각을 했던 거죠. 저는 정말 지난 해 그림 수업을 처음 듣는 사람들이 놀라운 작업을 하는 것을 볼 때까지만 해도 이런 생각을 했습니다. 그래서 자신을 위해서, 자신이 익숙하지 않은 영역에 자신을 내어놓는 그런 모험을 감수해야 합니다. 자신의 뉴런(신경단위)이 다시 만들어지는 느낌이 드는 영역에 자신을 내어놓아야 합니다. 그런 것들이 바로 굉장한 모험입니다. 다만 즐거워 보이기는 하지만, 특히 술에 취해 감수하는 모험은 피해야 합니다.

Words & Phrases

correlated with ~ [kɔ́ːrəlèitid]
~와 상호 연관성이 있는

conflict resolution [kənflíkt]
분쟁 해결

light up simultaneously
동시에 켜지다

intending [inténdiŋ] **to ~**
~하기를 의도하는

exploring [ikspló:riŋ]
탐구하는

draw [drɔː]
그림을 그리다

a fixed trait [treit]
고정된 특징

drawing class
그림 수업

for the very first time
처음으로

for the sake of your mind
여러분의 마음을 위해서

put into uncomfortable areas
익숙하지 않는 영역에 자신을 내어놓다

feel your neurons being remade
자신의 뉴런(신경단위)이 다시 만들어지는 느낌이 들다

exhilarating [igzíləreitiŋ]
아주 즐거운, 아주 신나는
(예: exhilarating experience 신나는 경험)

under the influence of alcohol
술에 취해 (예: driving under the influence of alcohol 음주 운전)

문장 구조

There are parts of your brain **that** light up simultaneously when you listening to music **that** don't light up simultaneously in other situations.
→ 이 문장에서 두 개의 that은 parts of your brain을 선행사로 받는 관계대명사이다.

There is something about the Arts **that** is really important. For me, one of the things **that** I have been intending to do and I am still intending to do it, is to begin exploring music and art more myself.
→ 여기도 두 개의 that이 나오는데, 첫 번째 that은 something을 선행사로, 두 번째 that은 one을 선행사로 받고 있다.

So for the sake of your mind, take the kinds of risks **that** put you into uncomfortable areas; **that** put you into areas **that** really make you, you could almost feel your neurons being remade.
→ 여기에 나오는 첫 번째와 두 번째 that은 kinds of risks를 선행사로 받고 있는 관계대명사이며, 세 번째 that은 areas를 선행사로 받는 관계대명사이다.

직독[청] 직해: 읽어가며[들어가며] 바로 이해하기 훈련

For example,/ learning to play the piano / when you are four / is correlated /
예를 들면   피아노 치는 것을 배우는 것은   네 살 때   상관관계가 있습니다

with being better at conflict resolution / when you are six. // There are
갈등 해결을 더 잘 하는 것과   여섯 살 때   뇌의 부분들이

parts of your brain / that light up simultaneously / when you listening to
있습니다   동시에 켜지는   여러분이 음악을 들을 때

music / that don't light up simultaneously / in other situations. // So, there
동시에 켜지지 않는(활동하지 않는)   다른 상황에서   그래서 인문학에는

is something about the Arts / that is really important. // For me, / one of the
뭔가가 존재합니다   정말 중요한   저의 경우   여러 가지 중

things / that I have been intending to do / and I am still intending to do it, /
하나가   제가 하려고 생각해왔던   그리고 지금도 하려고 하는

is to begin exploring music and art more myself. // Personally, / I never did. //
바로 음악과 예술을 좀 더 탐구해보는 것입니다   개인적으로   한 번도 해 본 적은 없습니다

I thought that / the ability to draw / was a fixed trait. // I tell you I thought /
저는 생각했습니다   그림을 그리는 재능은   정해진 능력이라고   저는 생각했다고 말씀드립니다

that up until last year, / when I saw people / who were in a drawing class /
작년까지   제가 사람들을 보았을 때   그림 수업을 듣는

for the very first time / do beautiful work. // So for the sake of your mind, /
처음으로   놀라운 작업을 하는 것을   그래서 자신을 위해서

take the kinds of risks / that put you into uncomfortable areas; / that put
그런 위험을 감수해야 합니다   익숙하지 않은 영역에 자신을 내어놓는   그리고

you into areas / that really make you, you could almost feel your neurons
영역에 자신을 내어놓는   자신의 뉴런(신경단위)이 다시 만들어지는 느낌이 들게 하는

being remade. // Those are great risks. // Taking risks / that just seem to be
그런 것들이 굉장한 모험입니다   모험을 무릅쓰는 것은   다만 즐거워 보이기는 하지만

exhilarating, / especially under the influence of alcohol, / I'd say, / avoid
특히 술에 취해서   저는 생각합니다   그런

those risks. //
모험은 피해야 한다고

Further Study

발음팁

light up 두 단어이지만 발음할 때는 한 단어로 취급해 [라이랍]으로 발음해야 한다. light의 gh는 묵음이고 자음 t가 좌우로 연음되어 그렇게 발음된다.

begin [비긴]보다는 [비겐]에 가깝게 발음된다는 데 유의. 미국인들은 I에 강세가 들어갈 때 약간 [에]에 가깝게 발음하는 경향이 있다.

risks 발음에 무지하면 무심코 [리스크스]로 발음하기 쉬운데 [뤼슼스]처럼 발음하면 거의 정확한 발음이 나온다. r이 처음에 나와 혀 뒤쪽을 꼬부려주면서 ㅋ 발음이 나오는 k를 받침으로 넣어주듯이 발음해주면 된다.

under the influence of alcohol
'술에 취하여'라는 이 표현을 발음할 때 이 숙어를 알고 있지 않으면 under가 on the 같이 들릴 수 있다. 전치사 on은 [온]과 [언]의 중간 정도로 발음될 때가 많기 때문이다.

Useful Expressions

correlated with ~ ~와 상호 연관성이 있는
His disappearence is *correlated with* the murder case.
그의 행방불명은 그 살인 사건과 서로 연관이 있다.

for me 나로서는
For me, I completely satisfied with my job.
저로서는 제 직업에 전적으로 만족합니다.

exhilarating 아주 즐거운, 아주 신나는
My first bungee jump was an *exhilarating* experience.
내가 해 본 첫 번지 점프는 정말 신나는 경험이었다.

Writing Practice

1 나는 처음으로 사랑에 빠졌다.
(처음으로 for the very first time)

_____.

2 요즈음은 음주 운전 단속 기간이다.
(술에 취해 under the influence of alcohol)

_____.

Answer. 1. I'm in love for the very first time.
2. It is a crackdown period these days on driving under the influence of alcohol.

16 One of the most acclaimed visionaries

[1] If anyone understands the big challenges when it comes to healthcare systems, not just a domestic but a worldwide scale, it's the man you are about to meet. Dr. Jim Yong Kim is a physician and anthropologist who has combined the skills of both to become one of the world's acclaimed visionaries in the field of global health. "The world's troubles are your troubles," that's what he urged the recent graduating class of young doctors always to remember. That imperative has been the inspiration for his own work. As [2] co-founder of the humanitarian group, Partners in Health, and a senior official with the World Health Organization, Jim Yong Kim has been a crusader against infectious diseases and an advocate for the poor among the forsaken of the world in cities and villages in Haiti and Peru to Rwanda and Siberia. "U.S. News and World Report" said he is one of America's 25 best leaders. "Time Magazine" named him one of the 100 most influential people in the world. The Chair of three, that's right, three departments at Harvard University, Dr. Kim was a MacArthur Foundation genius whose efforts helped to treat 3 million new HIV/AIDS patients in developing countries.

중요표현 해설

1. If anyone를 활용하여 사람을 소개할 수 있다. 다음의 예문을 통해서 그 용례를 익히도록 한다.

   ex. If anyone understands the importance of work-out, it is the man that you are going to meet tonight. (만약 누군가 운동의 중요성을 이해한다고 할 때, 오늘 밤 만날 사람이 바로 그 분입니다.) → 운동의 중요성을 그가 제일 잘 안다는 의미로 운동의 중요성을 설명할 가장 적임자라는 의미로 쓰인다.

   / If anyone knows the biggest problems that human beings face now, James Park is whom we've been looking for. (만약 인류가 현재 직면한 가장 중대한 문제를 누군가 안다고 하면, James Park이 바로 우리가 찾고 있던 인물이다.)

2. 접두어에 해당하는 'co-'는 '함께(together)'의 의미이다. 예를 들어, co-education은 '남녀공학'이란 뜻이고, coexist는 '공존하다'의 의미다.

김용 총장 소개

국내 문제뿐 아니라 전 세계적인 관점에서 의료제도가 안고 있는 거대한 도전들을 이해하는 사람이 있다면, 우리가 곧 만나게 될 사람이 바로 그 분입니다. 내과 의사이자 인류학자이신 김용 박사님은 이 두 학문의 기능을 결합해 세계 보건 분야에서 가장 널리 인정받는 선각자 중 한 분이 되셨습니다. "세계의 문제는 바로 여러분의 문제입니다"라는 말은 그가 최근 졸업을 앞둔 젊은 의사들이 항상 명심해 주기를 당부했던 말입니다. 이런 의무감이 그 자신이 하는 일에 큰 영감이 되어왔습니다. 인도주의 단체인 Partners in Health의 공동 창설자이자 세계보건기구의 고위 관료이신 김용 박사는 전염병 퇴치에 앞장선 운동가이자 아이티와 페루에서 르완다와 시베리아에 이르는 도시와 시골 마을 등 전 세계의 버려진 지역에 사는 가난한 사람들의 변호인입니다. U.S. News and World Report지에 따르면, 그는 미국 최고 지도자 25명 중 한 명이라고 합니다. Time지는 그를 세계에서 가장 영향력 있는 100인 중 한 명으로 선정했습니다. 세 학과의 학과장, 네 그렇습니다. 하버드의 세 개 학과에서 학과장을 맡고 있는 김 박사는 맥아더 재단의 후원을 받은 천재로, 그의 노력 덕분에 개발도상국에서 에이즈로 고통 받는 3백만 명의 신규 환자들을 치료하는 데 큰 도움이 되었습니다.

Words & Phrases

when it comes to ~
~라면, ~에 있어서는

healthcare[hélθkèər] **system** 보건의료제도

not just A but B
A뿐만 아니라 B도 (= not only A but also B)

worldwide scale
국제적인 규모

be about to ~
막 ~하려고 하다

physician[fizíʃən]
내과 의사

anthropologist
[ænθrəpάlədʒist] 인류학자

combine[kəmbáin]
통합하다, 합치다

acclaimed visionary
[əkléimd] [víʒənèri]
찬사를 받고 있는 선각자

urge[ə:rdʒ] 촉구하다

imperative[impérətiv]
명령(= order)

inspiration[ìnspəréiʃən]
영감

co-founder[koufáundər]
공동 창설자

humanitarian group
[hju:mænitέəriən]
인도주의 단체

a senior official
고위 관리

crusader[kru:séidər]
옹호 운동가

infectious diseases
전염병(= infections)

advocate[ǽdvəkèit]
주장자, 지지자

the forsaken[fərséikən]
버려진 자들

name 임명하다, 부르다

influential 영향력 있는

genius 천재

문장 구조

If anyone understands the big challenges **when it comes to** healthcare systems, **not just** a domestic **but** a worldwide scale, it's the man you are about to meet.

→ 이 문장에서는 'not just ~ but'(~뿐만 아니라 ~이다)이라는 구문과, 'when it comes to ~'(~라면, ~에 있어서는)라는 문장의 패턴이 있으며, man과 you 사이에는 목적격 관계대명사인 whom[that]이 생략되어 있다.

Dr. Jim Yong Kim is a physician and anthropologist **who** has combined the skills of both to become **one of the world's most acclaimed visionaries in the field of global health**.

→ who는 a physician and anthropologist를 선행사로 받는 주격 관계대명사이며, one of 뒤와 문장 뒤에 이처럼 the world's most acclaimed visionaries in the field of global health처럼 in 이하 장소의 부사구가 따라오면 일반적으로 최상급이 온다.

직독[청] 직해: 읽어가며[들어가며] 바로 이해하기 훈련

If anyone understands the big challenges / when it comes to healthcare
　　　　　거대한 도전들을 이해하는 사람이 있다면　　　　　　　　　의료제도에 관해서

systems, / not just a domestic / but a worldwide scale, / it's the man / you are
단지 국내뿐 아니라　　　전 세계적인 관점에서　　　바로 그 분입니다　　여러분이

about to meet. // Dr. Jim Yong Kim is a physician and anthropologist / who
곧 만나게 될　　　김용 박사는 내과 의사이자 인류학자로

has combined the skills of both / to become one of the world's acclaimed
이 두 학문의 기능을 결합한　　　　가장 널리 인정받는 선각자 중 한 분이 되셨습니다

visionaries / in the field of global health. // "The world's troubles are your
　　　　　세계 보건 분야에서　　　　　세계의 문제는 바로 여러분의 문제입니다

troubles," / that's what he urged / the recent graduating class of young
이것은 그가 당부했던 말입니다　　　　최근 졸업을 앞둔 젊은 의사들이

doctors / always to remember. // That imperative has been the inspiration /
　　　항상 명심해 주기를　　　　이런 의무감이 큰 영감이 되어왔습니다

for his own work. // As co-founder of the humanitarian group, Partners in
그 자신이 하는 일에　　　　인도주의 단체인 Partners in Health의 공동 창설자이자

Health, / and a senior official with the World Health Organization, / Jim Yong
　　　　　　　　세계보건기구의 고위 관료이신

Kim has been a crusader / against infectious diseases / and an advocate for
김용 박사는 앞장 선 운동가입니다　　전염병 퇴치에　　　　그리고 가난한 사람들의

the poor / among the forsaken of the world / in cities and villages in Haiti
변호인입니다　　전 세계의 버려진 지역에서 사는　　　아이티와 페루에서 르완다와 시베리아에

and Peru to Rwanda and Siberia. // "U.S. News and World Report" said / he is
이르는 도시와 시골 마을 등　　　　U.S. News and World Report지에 따르면　　그는

one of America's 25 best leaders. // "Time Magazine" named him / one of the
미국 최고 지도자 25명 중 한 명이라고 합니다　　타임지는 그를 선정했습니다　　가장 영향력 있는

100 most influential people / in the world. // The Chair of three, / that's right, /
100인 중 한 명으로　　　　세계에서　　　　세 학과의 학과장　　　네 그렇습니다

three departments at Harvard University, / Dr. Kim was a MacArthur
하버드 대학의 세 개 학과의　　　　　　김 박사는 맥아더 재단의 후원을 받은

Foundation genius / whose efforts helped / to treat 3 million new HIV/ AIDS
천재로　　　　　그의 노력은 도움이 되었습니다　　에이즈로 고통 받는 3백만 명의 신규 환자들을

patients / in developing countries. //
치료하는 데　　　개발도상국에서

Further Study

발음팁

physician 보통 [피지션]으로 발음하는 것 같은데 [ㅍ+휘지션]으로 발음해야 본토 발음이다. ph는 f와 똑같은 발음이고, 반모음 y에 강세가 없어 [어]로 발음된다. 따라서 문맥을 타지 못하면 position(지위, 입장) 같이 들린다.

acclaim 첫 모음에 강세가 없어 첫 모음 a가 거의 안 들리니까 claim(주장)으로 들리기 쉽다. acclaim은 '격찬하다'고, claim은 '주장하다'니까 발음의 중요성이 새삼 강조된다.

field [필드]가 아니라 [ㅍ+휘얼(드)]처럼 발음할 줄 알아야 한다. L 앞에서 살짝 (어) 발음을 넣어 주고 끝자음 d는 하는 둥 마는 둥 아주 약하게 발음해야 한다.

own 들릴 때는 [오운]이 아니라 [온] 같이 들리기 쉬우므로 문맥을 타지 않으면 단박에 잡히지 않는다. 영어에서는 own과 같이 이중 모음으로 발음되는 단어들의 경우 첫 모음만 들리지 뒤 모음은 거의 안 들린다.

chair chair를 의자로만 알고 있으면 알아들었다 하더라도 이해가 되지 않았을 것이다. 여기에서는 문맥상 교수라는 뜻이기 때문이다. chair는 또한 동사형으로 쓰이면서 '의장이 되다'라는 뜻으로 많이 쓰인다.

Useful Expressions

worldwide scale 국제적인 규모(수준)
I want to be a businessman on a *worldwide scale* in the near future.
나는 가까운 장래에 국제적인 사업가가 되고 싶다.

a senior official 고위 관리
A senior official in the State Department said the North Korea will launch the next missile soon. 한 국무부 고위 관리는 북한이 곧 다음 미사일을 발사할 것이라고 밝혔다.

infectious diseases 전염병 (= infections)
Infectious diseases are spreading throughout the East Africa.
전염병이 동 아프리카 전역에 퍼지고 있다.

Writing Practice

1. 나는 축구라면 잘해. (~라면, ~에 있어서는 when it comes to ~)
   _____.

2. 그는 교사일 뿐만 아니라 시인이기도 하다. (A뿐만 아니라 B도 not just A but B (= not only A but also B))
   _____.

3. 그들이 막 떠나려고 할 때 전화가 걸려왔다. (막 ~하려고 하다 be about to ~)
   _____.

Answer 1. When it comes to playing soccer, I'm good at it.
2. He is not just a teacher but a poet.
3. They were about to leave when the phone rang.

17 The World's Troubles are Your Troubles 1 (1)

Sullivan: I think [1]a tangible example of that is what is going on in Haiti right now. Partners in Health has been there, is still there. Big influences is that the kind of, sort of influence that we could [2]see more of in the future?

Kim: Well you know the Haiti project was based on a 'once in every 200 years' disaster. The earthquake you know I think just devastated a country that could [3]least afford it, the country that could least afford it in the western hemisphere. And the response of Dartmouth students and faculty and the Dartmouth Hitchcock Medical Center has been extraordinary and we kept it up, especially now with the cholera outbreak. We are continuing to support efforts in Haiti but I think that will continue as long as we are helpful but we are not going to be in the business of going after every disaster that happens in the world. There are many other colleges and universities and organizations that do it much better than we do. This was something that was quite spontaneous. Really wonderful to watch, but it is not a pattern that we are necessarily going to repeat in every country that has a disaster. I also think that what our students get out of the arts and humanities is critical for them to develop a sense that is much bigger than just the quantitative aspects of a problem to understanding human complexity.

중요표현 해설

[1] 'a tangible example of that is what is going on in Haiti right now.'에서 활용되는 what은 의문사가 아니라 '~하는 것'으로 해석되는 관계대명사이다.

ex. I know what you mean. (나는 네가 의미하는 것을 안다.)

[2] see는 다양한 의미를 지닌 동사이다. 본문에선 '경험하다, 목격하다' 정도의 의미로 쓰이고 있다. 'What do you see in him?'이라는 표현이 있는데, 직역을 하면 '너는 그에게서 무엇을 보는 거야?'라는 의미지만, '그가 뭐가 그리 좋아?'라는 뜻이다.

[3] 원어민이 자주 사용하지만 한국인이 거의 활용하지 못하는 표현 중 하나가 least이다. 짧은 표현이라도 상황에 따라 아주 유용하게 활용되므로 암기해 두도록 한다.

ex. That's the least I can do for you. (제가 당신을 위해서 할 수 있는 최소한의 것입니다.) / He talks least. (그는 말수가 적어.)

세계의 문제는 바로 우리의 문제

Sullivan: 이것에 대한 구체적인 예가 바로 지금 아이티에서 벌어지고 있습니다. Partners in Health는 그곳에 있었고, 지금도 있습니다. 큰 영향은 우리가 미래에서도 더 많이 보게 될 그런 종류의 영향인가요?

김용 박사: 아시다시피 아이티 프로젝트는 '200년에 한 번' 발생할 수 있는 재해를 토대로 한 것입니다. 제가 생각하기에 지진은 이를 감당할 수 없는, 지구 서반부의 이를 전혀 감당할 수 없는 한 나라를 폐허로 만들었습니다. 다트머스 학생들과, 교수진 그리고 다트머스 히치콕 병원의 대응은 놀라웠으며, 우리도 계속해서 대응해 나갔습니다. 특히 지금은 콜레라 발병에 대해서 말이죠. 우리는 계속해서 아이티를 지원하고 있고, 우리가 도움이 되는 한 이러한 노력은 지속될 것이라고 생각합니다. 하지만 우리가 세상에서 일어나는 모든 재해를 따라다닐 수는 없습니다. 우리보다 훨씬 더 잘 할 수 있는 다른 많은 대학과 기관들이 있습니다. 이것은 아주 자발적이었습니다. 보기에는 정말 놀라운 것이었지만, 재난을 당하는 모든 국가에서 저희가 반드시 반복할 수 있는 그런 패턴은 아닙니다. 저는 또한 우리 학생들이 예술과 인문학을 통해 배우는 것은 이들이 복잡한 인간을 이해하는 데 있어 단지 문제의 양적인 측면보다 훨씬 더 중요한 분별력을 기르는 데 대단히 중요하다고 생각합니다.

문장 구조

The earthquake you know I think just devastated a country **that** could least afford it, the country **that** could least afford it in the western hemisphere.
→ 두 개의 that 앞에 선행사가 되는 명사가 오므로, 이들 that은 관계대명사이다.

I think **that** will continue as long as we are helpful ~
→ 앞에 동사가 오므로 that은 목적절[명사절]을 이끄는 접속사이다.

There are many other colleges and universities and organizations **that** do it much better than we do.
→ 세 개의 명사를 선행사로 받는 관계대명사이다.

but it is not a pattern **that** we are necessarily going to repeat in every country **that** has a disaster. I also think that what our students get out of the arts and humanities is critical for them to develop a sense **that** is much bigger than the quantitative aspects of a problem to understanding human complexity.
→ 첫 번째와 두 번째의 that은 선행사인 명사가 있으므로 관계대명사로, 세 번째 that은 a sense와 동격을 나타낸다.

Words & Phrases

tangible[tǽndʒəbl] **example**
구체적인 예

based on ~
~에 기초[기반]를 둔

disaster[dizǽstər]
재난 (= calamity)

earthquake[ə:rθkweik]
지진

devastate[dévəstèit]
황폐하게 하다

least afford[əfɔ́:rd]
전혀 감당할 수 없다

the western hemisphere[hémisfiər]
서반구

faculty[fǽkəlti]
교직원, 교수진

extraordinary[ikstrɔ́:rdənèri]
굉장히 특별한

cholera outbreak[kάlərə]
콜레라 발생

spontaneous 자발적인
[spantéiniəs]

the arts and humanities
예술과 인문학

critical[krítikəl]
아주 중요한, 심각한

develop a sense
분별력을 기르다

quantitative aspect
[kwάntətèitiv] [ǽspekt]
양적인 측면

human complexity
인간의 복잡성

직독[청] 직해: 읽어가며[들어가며] 바로 이해하기 훈련

Sullivan: I think / a tangible example of that / is what is going on / in Haiti right now. // Partners in Health has been there, / is still there. // Big influences is that the kind of, sort of influence / that we could see more of in the future? //

Sullivan: 저는 생각합니다 그것에 대한 구체적인 예가 벌어지고 있다고 현재 아이티에서 Partners in Health는 그곳에 있었고, 지금도 있습니다 큰 영향은 바로 일종의 영향인가요 우리가 미래에 더 많이 보게 될

Kim: Well you know / the Haiti project was based / on a 'once in every 200 years' disaster. // The earthquake you know I think just devastated a country / that could least afford it, / the country that could least afford it / in the western hemisphere. // And the response of Dartmouth students and faculty and the Dartmouth Hitchcock Medical Center / has been extraordinary / and we kept it up, / especially now with the cholera outbreak. // We are continuing to support efforts in Haiti / but I think / that will continue / as long as we are helpful / but we are not going to be in the business / of going after every disaster that happens in the world. // There are many other colleges and universities and organizations / that do it much better / than we do. // This was something that was quite spontaneous. // Really wonderful to watch, / but it is not a pattern / that we are necessarily going to repeat / in every country / that has a disaster. // I also think / that what our students get out of the arts and humanities / is critical for them / to develop a sense / that is much bigger / than just the quantitative aspects of a problem / to understanding human complexity. //

김용 박사: 아시다시피 아이티 프로젝트는 토대로 한 것입니다 '200년에 한 번' 발생할 수 있는 재해를 제가 생각하기에 지진은 한 나라를 폐허로 만들었습니다 이를 감당할 수 없는 이를 전혀 감당할 수 없는 나라를 지구 서반구의 그리고 다트머스 학생들과 교수진과 다트머스 히치콕 병원의 대응은 놀라웠으며 우리는 지속적인 대응을 했고 특히 지금은 콜레라 발병에 대해서 우리는 계속해서 아이티를 지원하고 있고 저는 생각합니다 지속될 것이라고 우리가 도움이 되는 한 하지만 우리가 일을 할 수는 없습니다 세상에서 일어나는 모든 재해를 따라다니는 다른 많은 대학과 기관들이 있습니다 그 일을 훨씬 더 잘 하는 우리가 하는 것보다 이것은 아주 자발적이었습니다 보기에는 정말 놀라운 것이었지만 하지만 패턴은 아닙니다 저희가 반드시 반복할 수 있는 모든 국가에서 재난을 당하는 저는 또한 생각합니다 우리의 학생들이 예술과 인문학을 통해 배우는 것은 그들에게는 대단히 중요하다고 분별력을 기르는 데 훨씬 더 큰 단지 문제의 양적인 측면보다 복잡한 인간을 이해하는 데 있어

Further Study

발음팁

afford it 연음시켜 [어ㅍ+호딭] 같이 발음해줘야 한다.

kept it up 이것도 단어는 세 단어이지만 세 단어를 한 단어 발음하듯이 [캪티랖]처럼 발음해줘야 A+ 발음이다. 세 단어 읽듯이 [켙트 이트 앞]으로 발음하면 빵점 발음.

he<u>lp</u>ful 자음이 몰려 있어 밑줄 친 lpf에서 가운데 위치한 p는 거의 발음하지 않는다.

Useful Expressions

tangible example 구체적인[명확한] 예
   Please tell me about a *tangible example* of the case.
   그 경우의 구체적인 예를 나한테 들어보시오.

least afford 전혀 감당할 수 없다
   The tax reform can hit the hardest to the low-income families who can *least afford* it.
   그 세제 개혁은 전혀 감당할 수 없는 저소득층 가정에 가장 심한 타격을 줄 수 있다.

develop a sense 분별력을 기르다
   The book helps children to *develop a sense* of their own.
   그 책은 아이들이 스스로 분별력을 기르는 데 도움이 된다.

Writing Practice

1 상파울루는 서반구에서 가장 큰 도시로 불립니다.
   (서반구 in the western hemisphere)

Answer 1. Sao Paulo is called the biggest city in the western hemisphere.

17 The World's Troubles are Your Troubles 1 (2)

So, I think every day we are preparing young people to tackle the troubles of the world. [1]I don't think that John Sloan Dickey ever meant that we were going directly to fix the troubles of the world. I think what he meant and what I quote him as saying is "The world's troubles are your troubles." But since the worst troubles of the world come from the hearts of men and at that time there were only men on campus, there is nothing wrong with the world that better human beings can not fix. So, some of the things that we do like the healthcare delivery science are going to be directly useful. But what we really do is: we are about building the better human beings who are going to tackle those troubles in a way that we have never seen before. I think the critical piece in building those human beings is a broad liberal arts education where you get really in-depth in individual matters but then you also study Greek literature and you also study philosophy and you are forced to take a studio art class. [2]Those are the kind of human beings so I think that the world needs to tackle the world's troubles.

중요표현 해설

[1] 한국인들이 실수하는 표현 중 하나는 'I don't think that'의 활용이다. 예를 들면, 우리는 '나는 그가 별로 똑똑하지 않은 것 같아.' 이런 말을 영어로 표현하면, 'I think (that) he is not that smart.'라고 직역하는 경향이 있는데, 영어에선 'I don't think that he is that smart.'로 표현한다. 즉, that절 이하의 표현을 긍정하고 that절 전체를 부정하는 형태를 취한다. 아래와 같이 표현할 수 있다.

I don't think [(that) he is that smart].
→ 부정의 not이 that절 전체를 부정하고 있다.

[2] 'Those are the kind of human beings so I think the world needs to tackle the world's troubles.' 에서 I think 뒤에는 접속사 that이 생략되어 있다.

세계의 문제는 바로 우리의 문제

그래서 저는 매일 우리가 젊은이들이 세상의 문제들을 해결할 수 있도록 준비시키고 있다고 생각합니다. 저는 우리가 세상의 문제를 직접 해결하는 것은 John Sloan Dickey의 의도가 아니라고 생각합니다. 저는 그가 의미한 것은 그의 말을 인용하자면, "세상의 문제는 곧 우리의 문제이다"라고 생각합니다. 그러나 세상의 최악의 문제는 바로 인간의 마음속에서 발생하며, 그 당시 캠퍼스에는 인간밖에 없었으니 더 나은 인간이 고칠 수 없는 세상에는 아무런 문제가 없는 거죠. 그래서 보건제공학(healthcare delivery science)과 같이 저희가 하는 것 중 일부는 바로 적용할 수 있을 정도로 유용할 겁니다. 그러나 우리가 정말로 추구하는 것은 우리가 이전에 한 번도 본 적이 없는 방식으로 이러한 문제들을 해결하려는 더 나은 인간을 만드는 것입니다. 저는 이러한 인간상을 세우는 데 가장 중요한 부분은 바로 폭넓은 인문학 교육이라 생각하는데, 이를 통해 개인적인 문제를 깊숙이 들여다보는 동시에 그리스 문학을 공부하고, 철학에 심취하며 미술 수업을 받지 않을 수 없습니다. 바로 그들이 세상의 문제와 맞서 싸우기 위해 세상이 필요로 하는 그런 사람이라 생각합니다.

Words & Phrases

tackle[tǽkl]
해결하다 (= solve)

fix[fiks]
고치다 (= repair)

quote[kwout] ~ as
인용해서 말하기를

healthcare delivery science
보건제공학

in a way
어떠한 방식으로, 어떠한 의미로는

broad liberal arts education
폭넓은 인문학 교육

in-depth[indepθ]
자세한, 상세한 (= detailed)

take a studio art class
미술 수업을 듣다

문장 구조

I don't think **that** John Sloan Dickey ever meant **that** we were going directly to fix the troubles of the world.
→ 두 개의 that은 앞에 선행사가 될 수 있는 명사가 아닌 동사가 있으므로 접속사로 쓰인 것을 알 수 있다.

Those are the kind of human beings **so I think** that the world needs to tackle the world's troubles.
→ so는 결과를 뜻하는 부사이며, the world 이하의 절은 think의 목적어이다.

직독[청] 직해: 읽어가며[들어가며] 바로 이해하기 훈련

So, I think every day / we are preparing young people / to tackle the troubles
그래서 저는 매일 생각합니다   우리는 젊은 사람들을 준비시키고 있다고   세상의 문제들을

of the world. // I don't think / that John Sloan Dickey ever meant / that we
해결하도록   저는 생각하지 않습니다   John Sloan Dickey가 의도한 것이라고

were going directly to fix the troubles of the world. // I think / what he
우리가 세상의 문제를 직접 해결하는 것은   저는 생각합니다   그가

meant / and what I quote him as saying / is "The world's troubles are your
의미한 것은   그의 말을 인용하자면   "세상의 문제는 곧 우리의 문제이다"라고

troubles." // But since the worst troubles of the world / come from the hearts
그러나 세상의 최악의 문제는   바로 인간의 마음속에서 발생하며

of men / and at that time / there were only men on campus, / there is nothing
그리고 그 당시에는   캠퍼스에는 인간밖에 없었으니   세상에는 아무런

wrong with the world / that better human beings can not fix. // So, some of
문제가 없는 거죠   더 나은 인간이 고칠 수 없는   그래서 저희가 하는

the things that we do / like the healthcare delivery science / are going to be
것 중 일부는   보건제공학과 같이   바로 적용할 정도로

directly useful. // But what we really do / is: we are about building the better
유용할 것입니다   그러나 우리가 정말 추구하는 것은   우리가 더 나은 인간을

human beings / who are going to tackle those troubles / in a way / that we
만드는 것입니다   그러한 문제들을 해결하려는   방식으로

have never seen before. // I think / the critical piece / in building those human
이전에 우리가 전혀 본 적 없는   저는 생각합니다   가장 중요한 부분은   이러한 인간상을 세우는 데

beings / is a broad liberal arts education / where you get really in-depth in
폭넓은 인문학 교육이라고   개인적인 문제를 깊숙이 들여다보는

individual matters / but then you also study Greek literature / and you also
그러면서 그리스 문학도 공부하고   여러분은 또한

study philosophy / and you are forced to take a studio art class. // Those are
철학에 심취하며   미술 수업을 받지 않을 수 없습니다   그들은 그런

the kind of human beings / so I think / that the world needs / to tackle the
종류의 사람들입니다   제가 생각하기로는   세상이 필요로 하는   세상의 문제와 맞서

world's troubles. //
싸우기 위해

Further Study

발음팁

a<u>s s</u>aying s와 s가 만나 앞에 s는 거의 발음되지 않는다. 동화 현상이 일어나서 그런 것이다.

men 문장 속에서는 단수형 man과 구분이 안 된다. 그러나 낱개로 단어만 발음할 때는 복수형 men은 [맨]하고 발음하되 [애] 발음을 짧게 내야 하고, 단수형 man을 발음할 때는 [매앤]하듯이 [애] 발음을 약간 길게 내야 한다.

lit<u>e</u>rature 밑줄 친 부분을 보면 [어] 발음이 겹친다. 고로 [어] 발음을 한 번만 내주는 기분으로 [리러처] 정도로 발음해주는 게 좋다.

Useful Expressions

quote 인용하다
She *quoted* a few sentences from the Kennedy's speech in her address.
그녀는 자신의 연설에서 케네디 연설의 몇 문장을 인용했다.

in-depth 자세한, 상세한 (= detailed)
We had an *in-depth* discussion of the problem.
우리는 그 문제에 관해 상세하게 토의했다.

Writing Practice

1 어떤 면에서 나는 당신의 말에 동의해.
(어떠한 방식으로, 어떠한 면에서 in a way)
_____.

2 그는 전문적인 자기 계발을 위해 영어 강좌를 수강할까 생각 중이다.
(수업을 듣다, 강좌를 수강하다 take a class)
_____.

Answer 1. In a way, I agree with you.
2. He is thinking of taking an English class for professional self-development.

18 The World's Troubles are Your Troubles 2 (1)

BILL MOYERS: You're coming with [1]not the most popular message right now, because you know, when you told those young doctors graduating from medical school last May, "The world's troubles are your troubles." And [2]that's the last thing many young people and old people in America want to hear right now, because we've got so many of our own troubles right here at home.

DR. JIM YONG KIM: Right. Well, I don't think that I would exclude our troubles. For example, one of the projects that I started just before leaving Harvard was a project looking at the health care of Native Americans in New Mexico. So there are a lot of problems right here. You know, in my own view, the life expectancy of Native Americans in the United States is one of the really great moral crises that we face.

중요표현 해설

[1] not the most popular는 '그다지 인기가 있지 않은'의 뜻으로, the least popular와 바꾸어 쓸 수 있다.

[2] 'The last thing I want to do is work in this place.'이라고 하면, '나는 절대 여기서 일하고 싶지 않다'는 말이다. 즉, 'It is the last thing that S V ~'는 '절대로 ~아니다'의 의미다.

ex. Meeting her is the last thing that I want to do. (그녀를 절대 만나고 싶지 않다.)

세계의 문제는 바로 우리의 문제

BILL MOYERS: 그런데, 아시다시피 현재 그렇게 인기 있을법한 메시지를 언급하지 않고 계시더군요. 그러니까 박사님이 지난 5월에 의과대학을 졸업하는 젊은 의사들에게 "세상의 문제는 여러분의 문제다" 라고 말씀을 하셨잖아요. 그런데 그 말은 미국의 젊은 사람이든 나이든 사람이든 당장 지금은 듣기 싫어하는 것이거든요. 우리에게는 바로 여기 국내에 너무나 많은 문제들이 놓여있기 때문이죠.

김용 박사: 네, 맞습니다. 음, 저는 우리가 직면한 문제를 배제해야 한다고 생각하지 않습니다. 예를 들면, 제가 하버드를 떠나기 직전 시작했던 프로젝트 중 하나가 뉴멕시코 원주민의 건강을 살펴보는 것이었습니다. 바로 여기에 많은 문제가 있습니다. 저는 미국 원주민의 수명이 우리가 직면한 가장 중대한 도덕적 위기 중 하나라고 봅니다.

Words & Phrases

graduating from ~
~에서 졸업하는

the last thing
~하고 싶지 않은 것 (부정의 뜻)

exclude[iksklú:d]
제외[배제]하다

Native Americans
미국의 원주민들[아메리칸 인디언들]

in my own view
내 자신의 견해로는 (= in my view point)

life expectancy
평균 예상 수명

moral crises
[mɔ́:rəl] [kráisis]
도덕적 위기

face
직면하다

문장 구조

when you told those young doctors **graduating** from medical school last May
→ 현재 분사로 doctors를 수식하고 있다.

And that's **the last** thing many young people and old people in America want to hear right now
→ 선행사가 앞에 따라오면, 관계대명사를 반드시 사용하는데, 목적격이므로 생략 가능하다.

직독[청] 직해: 읽어가며[들어가며] 바로 이해하기 훈련

BILL MOYERS: You're coming with not the most popular message / right now, / because you know, / when you told those young doctors / graduating from medical school last May, / "The world's troubles are your troubles." // And that's the last thing / many young people and old people in America / want to hear / right now, / because we've got so many of our own troubles / right here at home. //

BILL MOYERS: 그렇게 인기 있을법한 메시지를 언급하지 않고 계시더군요 현재 왜냐하면 아시겠지만 박사님이 젊은 의사들에게 말씀을 하셨잖아요 지난 5월에 의과대학을 졸업하는 "세상의 문제는 여러분의 문제입니다"라고 그런데 그 말은 싫어하는 것입니다 미국의 젊은 사람이든 나이 든 사람이든 듣고 싶어하는 당장 지금 우리에게는 너무나 많은 문제들이 놓여있기 때문이죠 바로 여기 국내에

DR. JIM YONG KIM: Right. // Well, I don't think / that I would exclude our troubles. // For example, / one of the projects / that I started just before leaving Harvard / was a project looking at the health care of Native Americans / in New Mexico. // So there are a lot of problems / right here. // You know, in my own view, / the life expectancy of Native Americans in the United States / is one of the really great moral crises / that we face. //

김용 박사: 네, 맞습니다 음, 저는 생각하지 않습니다 우리의 문제를 배제해야 한다고 예를 들면 프로젝트 중 하나는 제가 하버드를 떠나기 직전 시작했던 원주민의 건강을 살펴보는 것이었습니다 뉴멕시코의 그래서, 많은 문제가 있습니다 바로 여기에 아시다피, 제 견해로는 미국 원주민의 수명이 가장 중대한 도덕적 위기 중 하나라고 봅니다 우리가 직면한

Further Study

발음팁

would exclude [우드 엑스클루드]라고 발음하기 쉬운데 [운 엑스클루(드)]로 발음해서 would의 끝자음은 반드시 받침으로 넣어주고 exclude의 de는 약한 [ㄷ] 발음으로 처리해주면 된다.

started [스타티드]로 발음해주면 알아듣기 쉽지만 상당수의 미국인들이 [스ㅌ+따(어)ㄹ]처럼 발음하여 st가 붙어 다닐 때 일어나는 경음화 현상과 rt가 모음과 모음 사이에서 강세가 없을 때 t 발음을 내지 않는 경향이 있어 놓치기 쉬운 단어다.

Useful Expressions

in my own view 내 자신의 견해로는 (= in my view point)

In my view, the students should respect their teachers and parents whatever the circumstance is.
나는, 어떠한 상황에서도 학생들은 선생님들과 부모님들을 존경해야 한다고 생각한다.

life expectancy 평균 예상 수명

On average, the *life expectancy* of women is longer than that of men.
평균적으로, 여성의 평균 수명이 남성의 그것보다 길다.

moral crises 도덕적 위기

It is a great *moral crises* in Korea for students and their parents to take legal actions against their teachers.
한국에서 학생들과 그들의 부모들이 선생님에 대해 법적인 행동을 취하는 것은 대단한 도덕적 위기이다.

Writing Practice

1 당신을 떠났던 것은 절대 내가 원하던 바가 아니었다.
(절대 ~하지 않는 것 (부정의 뜻) the last thing)

_____.

이것은 내가 하고 싶지 않은 일이야.

_____.

Answer 1. The last thing I wanted was to leave you. 2. This is the last thing that I want to do.

18 The World's Troubles are Your Troubles 2 (2)

BILL MOYERS: How so?

DR. JIM YONG KIM: Well, the life expectancy is often very much lower than life expectancy in some of the developing countries that I work in, in the 40s and 50s in some communities. So the world's troubles are right here as well. And I was just tantalized by the notion of reaching back into the undergraduate curriculum. And trying to think hard about [1] what would it take to train a group of young people, who would leave the college energized, inspired, and really thinking that there's no problem that they couldn't tackle. And I think that this is a good time to [2] get them thinking about, look, you know, there's global warming. There's the crisis in the health care system in the United States. There's global health problems. There's a lot of huge problems out there. What do you need to do to prepare yourself for a meaningful life, tackling those kinds of problems? That's the question I'm going to ask them every day, as college president.

중요표현 해설

1 what would it take to에서 take는 아주 다양한 의미로 사용되는데, 여기에서는 '(시간·노력 따위를) 필요로 하다'의 의미로 활용되고 있다.

ex. It takes three men to do the job. (그 일에는 세 사람이 필요하다.)

He doesn't understand what it really takes to be a great leader. (그는 훌륭한 지도자가 되기 위해 진정 필요한 것을 이해하지 못한다.)

2 get them thinking about에서 get은 사역의 의미가 담긴 일반동사이다. 목적어에 해당하는 them을 '~하도록 시키다'의 의미로 직역할 수 있다.

ex. The problem will get the students thinking. (이 문제에 대해 학생들은 생각할 것이다.) → 예문과 같이 물주구문(주어가 사람이 아니라 사물)의 경우 부사처럼 해석하도록 한다.

Your help saved me another night of work. (네 도움 덕분에 하룻밤 더 일하는 것을 덜었네.)

세계의 문제는 바로 우리의 문제

BILL MOYERS: 왜 그런데요?

김용 박사: 이 지역의 수명은 제가 일하고 있는 일부 개발도상국의 40년대와 50년대의 몇몇 지역보다 훨씬 낮습니다. 그러니 세계의 문제들이 바로 여기에도 있는 것이지요. 그리고 학부 교육과정으로 돌아가 생각해보니 애가 탔습니다. 그리고 대학을 떠날 때 에너지가 충만하고 영감을 받아 해결할 수 없는 문제는 없다고 정말 생각할 수 있도록 젊은 사람들을 훈련하기 위해 어떤 것이 필요할까 고심하고 있었습니다. 그리고 저는 지금이 이들에게 지구 온난화가 존재한다는 것에 관해서 생각하도록 하기에 좋은 때라고 생각합니다. 미국의 의료제도는 위기입니다. 전 세계적인 건강문제도 있습니다. 수도 없이 많은 엄청난 문제들이 있습니다. 의미 있는 삶을 위해 스스로 준비하여 이러한 종류의 문제들을 해결하는 데 있어서 여러분은 무엇을 해야 할까요? 바로 이것이 총장으로서 제가 매일 이들에게 던지게 될 질문입니다.

Words & Phrases

much lower than ~
~보다 훨씬 낮은

developing countries
개발도상국

as well
역시, 또한

tantalized[tǽntəlàizd]
감질나게 된

notion[nóuʃən]
생각, 개념

undergraduate curriculum
학부 교과 과정

energized[énərdʒàizd]
힘을 받은

inspired[inspáiərd]
고무된

global warming
지구 온난화

global health problems
전 세계의 건강 문제

meaningful life
[míːninfəl]
의미 있는 삶

as college president
대학 총장으로서

문장 구조

Well, the **life expectancy** is often very much lower than **life expectancy** in some of the developing countries that I work in, in the 40s and 50s in some communities

→ 이 문장의 두 번째 life expectancy(평균 수명)는 앞에 같은 말이 나오므로 동일한 명사의 반복을 피하기 위해 that을 사용하는 것이 바람직하나 연설문 등에서 강조의 목적으로 쓸 수 있다.

직독[청] 직해: 읽어가며[들어가며] 바로 이해하기 훈련

BILL MOYERS: How so? //
BILL MOYERS: 왜 그런데요?

DR. JIM YONG KIM: Well, the life expectancy / is often very much lower /
김용 박사: 이 지역의 수명은 종종 훨씬 낮습니다

than life expectancy in some of the developing countries / that I work in, /
일부 개발도상국의 수명보다 제가 일하고 있는

in the 40s and 50s in some communities. // So the world's troubles are right
40년대와 50년대의 몇몇 지역에서 그러니 세계의 문제가 바로 여기에도

here as well. // And I was just tantalized by the notion / of reaching back
있는 것입니다 그리고 저는 생각해보니 애가 탔습니다

into the undergraduate curriculum. // And trying to think hard / about what
학부 교육과정으로 돌아가는 것에 대해 그리고 고심하고 있었습니다 어떤 것이

would it take / to train a group of young people, / who would leave the
필요할까 젊은 사람들을 훈련하기 위해 대학을 떠날 때

college energized, inspired, / and really thinking that there's no problem /
에너지가 충만하고 영감을 받아 문제는 없다고 정말 생각할 수 있도록

that they couldn't tackle. // And I think that this is a good time / to get them
그들이 해결할 수 없는 그리고 저는 지금이 좋은 때라고 생각합니다 이들에게

thinking about, look, you know, / there's global warming. // There's the
생각하도록 하기에 지구 온난화가 존재한다고 위기입니다

crisis / in the health care system in the United States. // There's global health
미국의 의료제도는 세계적인 건강문제도

problems. // There's a lot of huge problems / out there. // What do you need
있습니다 수도 없이 많은 엄청난 문제들이 있습니다 세상 밖에 여러분은 무엇을 해야 할까요

to do / to prepare yourself / for a meaningful life, / tackling those kinds
스스로 준비하여 의미 있는 삶을 위해 이러한 종류의 문제들을

of problems? // That's the question / I'm going to ask them every day, / as
해결하는 데 있어 바로 이것이 질문입니다 제가 매일 이들에게 던지게 될

college president. //
대학 총장으로서

Further Study

발음팁

tantalized [태늘라이즈(드)]나 [탠틀라이즈(드)] 둘 중 하나로 발음해야 한다. 콩글리시로 [탠탈라이즈드]로 발음하는 사람이 없기를.

couldn't [쿠든(트)]를 발음할 때, [쿠든]은 강하고 분명하게 발음해주면서 t는 아주 약하게 발음해야 한다.

them [뎀]이 아니라 [듬]으로 발음하는 미국인들이 많다. 평소에 [뎀]으로만 발음해온 독자들은 이 평범한 단어가 안 들릴 수도 있다.

Useful Expressions

developing countries 개발 도상국
  The *developing countries* bear the burden of an enormous financial debt.
  개발도상국들은 엄청난 재정부채를 지고 있다.

global warming 지구 온난화
  Global warming is the most urgent environmental problem the world is facing.
  지구 온난화는 전 세계가 직면한 가장 시급한 환경문제이다.

Writing Practice

1 생필품의 가격 인상은 예상보다는 훨씬 낮았다. (~보다 훨씬 낮은 much lower than ~)

   _____.

2 그는 불어도 유창하게 구사하지만 스페인어도 역시 잘 구사한다.
   (역시, 또한 as well / ~를 잘 구사하다 have a good command of ~)

   _____.

Answer: 1. The price increase of daily necessities was much lower than expected.
2. He can speak French fluently, and has a good command of Spanish as well.

19 American Healthcare Crisis (1)

BILL MOYERS: Why are we talking about the American health care system as a crisis? What's wrong with our health care system?

DR. JIM YONG KIM: My own particular [1]take on it is that I think for many, many years, we've been working under the fantasy that if we come up with new drugs and new treatments, we're done.

The rest of the system will [2]take care of itself. In my view, the rocket science in health and health care is how we deliver it. And unfortunately, there's not a single medical school that I know of that actually teaches the delivery of health care as one of the essential sciences.

In other words, what we've learned about organizations is that it is very difficult to get a complex organization, a group of people, to work consistently toward a goal. In the business world, if you don't do it well, the market gets rid of you. You go out of business. But many hospitals executing very poorly persist for a very, very long time. So my own view of it is that we have to rethink fundamentally the kind of research we do and the kind of people we educate, so that they'll think about the complexity of delivery as a topic that we can take on and study and learn about as a science.

중요표현 해설

[1] take는 명사로 '시도, 입장, 태도'라는 뜻이 있는데, 주로 전치사 on과 함께 쓰인다. 예를 들어, 'What is your take on fat tax?'라고 하면, '비만세에 대한 너의 입장은 뭐니?'의 뜻이다.

[2] 본문에서 take care of는 '(스스로) 알아서 잘 처리하다'의 뜻으로 쓰이고 있다. 우리말에서도 '처리하다'의 의미가 상황에 따라 다양한 의미를 지닌 것처럼 영어의 take care of도 다양한 뜻을 가진다. 예를 들어, 'I will take care of him.'이라고 하면 '내가 그 사람 처리할게[제거할게].'라는 표현으로 kill, get rid of와 같은 뜻이 된다.

미국 의료 제도의 위기

BILL MOYERS: 왜 미국의 의료제도가 위기라고 논하는 걸까요? 우리의 의료제도에 어떤 문제가 있나요?

김용 박사: 이 문제에 대해 제가 특별히 취하는 입장은 오랜 시간 동안 새로운 약과 치료제를 내놓으면 우리가 할 일은 다 끝났다는 잘못된 환상을 가지고 일해 왔다는 생각입니다.

나머지 제도는 저절로 해결될 것입니다. 제가 생각하기로, 건강과 보건 분야에서 어려운 점은 전달하는 방법입니다. 불행히도 건강의료 전달을 가장 핵심적인 하나의 학문으로 실제로 가르치는 의대는 제가 아는 한 단 하나도 없습니다.

다시 말해서, 우리가 단체에 대해 알게 된 것은 바로 여러 사람들로 구성된 복잡한 단체가 하나의 목적을 향해 일관성 있게 일하도록 하는 것은 쉽지 않다는 것입니다. 기업 세계에서 일을 잘 하지 못하면, 시장에서 퇴출됩니다. 즉, 그 기업은 문을 닫게 되는 거죠. 그러나 많은 부실 병원들이 아주 오랫동안 존속되고 있습니다. 따라서 이에 대한 저의 견해는, 우리가 어떤 연구를 하고, 어떤 인물을 교육하는지에 대해 근본적으로 다시 생각해야 한다는 것입니다. 그래서 우리가 하나의 학문으로 맡아 연구하고 배울 수 있는 화두로써 그들이 전달의 복잡성을 생각해 보도록 하는 것입니다.

문장 구조

My own particular take on it is **that** I think for many, many years, we've been working under the fantasy **that** if we come up with new drugs and new treatments, we're done.
→ 첫 번째 that은 접속사이며, 두 번째 that은 fantasy를 선행사로 받는 관계대명사로 쓰이고 있다.

So my own view of it is **that** we have to rethink fundamentally the kind of research we do and the kind of people we educate, so **that** they'll think about the complexity of delivery as a topic **that** we can take on and study and learn about as a science.
→ 첫 번째 that은 접속사, 두 번째 that도 접속사로 쓰였고, 세 번째 that은 topic을 선행사로 받는 관계대명사로 쓰였다. 그리고 두 번째 문장의 research 뒤에는 목적격 관계대명사인 that[which], 그리고 people 뒤에는 whom[that]이 생략되어 있다.

Words & Phrases

health care system 건강의료 제도
crisis[kráisis] 위기
under the fantasy 환상[망상] 하에, 환상 때문에
come up with ~ ~를 제시하다, ~한 안을 들고 나오다
treatment[trí:tmənt] 치료
the rest 나머지 (= the remains)
take care of itself 자연히 해결되다
in my view 내 견해로는 (= in my viewpoint0
rocket science 큰 지능이나 기술적인 능력을 요하는 노력, 어려운 일
delivery of health care 의료 전달
essential science 필수적인 학문
in other words 즉, 다시 말해서 (= so to speak, namely)
work consistently 꾸준히[지속적으로] 일하다
in the business world 사업계에서
gets rid of ~ ~를 없애다, 제거하다 (= remove, eliminate)
go out of business 파산하다 (= go bankrupt, go insolvent)
execute[éksikjù:t] 집행하다
persist[pərsíst] 계속되다, 지속되다
rethink fundamentally 근본적으로 재고하다
complexity of delivery 전달의 복잡성

직독[청] 직해: 읽어가며[들어가며] 바로 이해하기 훈련

BILL MOYERS: Why are we talking about / the American health care
BILL MOYERS:　　　　　　왜 논하는 걸까요　　　　　　미국의 의료제도가

system / as a crisis? // What's wrong / with our health care system? //
　　　　위기라고　　　　　어떤 문제가 있나요　　　우리의 의료제도에

DR. JIM YONG KIM: My own particular take / on it / is that I think / for
김용 박사:　　　　　　　제가 특별히 취하는 입장은　이것에 대해서　생각한다는 것입니다

many, many years, / we've been working / under the fantasy / that if we
오랜 시간 동안　　　　우리가 일해왔다고　　　　잘못된 환상을 가지고

come up with new drugs and new treatments, / we're done. //
새로운 약과 새로운 치료제를 내놓으면　　　　우리가 할 일은 다 끝났다는

The rest of the system / will take care of itself. // In my view, / the rocket
나머지 제도는　　　　　저절로 해결될 것입니다　　제가 생각하기로　　　건강과

science in health and health care / is how we deliver it. // And unfortunately, /
보건 분야에서 어려운 점은　　　　　전달하는 방법입니다　　　　불행히도

there's not a single medical school / that I know of / that actually teaches the
의대가 단 하나도 없습니다　　　　　제가 아는 한　　　　건강의료의 전달을

delivery of health care / as one of the essential sciences. //
실제로 가르치는　　　　　가장 핵심적인 하나의 학문으로

In other words, / what we've learned about organizations / is that it is very
다시 말해서　　　　우리가 단체에 대해 알게 된 것은　　　　　　쉽지 않다는 것입니다

difficult / to get a complex organization, / a group of people, / to work
　　　　　복잡한 단체가 하도록 하는 것이　　여러 사람들로 구성된　　　일관성 있게

consistently / toward a goal. // In the business world, / if you don't do it well, /
일하도록　　　하나의 목적을 향해　　기업 세계에서　　　　　일을 잘 하지 못하면

the market gets rid of you. // You go out of business. // But many hospitals /
시장에서 퇴출됩니다　　　　그 기업은 파산하는 거죠.　　　그러나 많은 병원들이

executing very poorly / persist for a very, very long time. // So my own
부실하게 운영되는　　　　아주 오랫동안 존속되고 있습니다　　　따라서 이에 관한

view of it / is that we have to rethink fundamentally / the kind of research
저의 견해는　　우리가 근본적으로 다시 생각해야 한다는 것입니다　　우리가 어떤 연구를 하고

we do / and the kind of people we educate, / so that they'll think about the
　　　　그리고 어떤 인물을 교육하는지　　　　그래서 그들이 전달의

complexity of delivery / as a topic / that we can take on and study and learn
복잡성을 생각해 보도록　　하나의 화두로써　　우리가 맡아 연구하고 배울 수 있는

about / as a science.//
　　　하나의 학문으로서

Further Study

발음팁

rest 혀 뒤쪽을 꼬부려 발음하는 기분으로 [뤠스(트)]로 발음해줘야 버터 발음이 나온다. [레스트]로 발음하게 되면 lest를 발음하는 꼴이 된다.

take care [테이크 케어]로 발음하면 어색하게 들리니까 [테잌 케어]로 발음해주는 게 자연스럽다.

they'll think about
they'll은 [델] 정도로 발음해주고 think about은 연음시켜 [씨+띵커바우맅]으로 발음해줘야 한다. 영어 발음은 연음시켜 발음해야 할 상황에서 연음이 안 되면 아주 뻑뻑하게 들린다.

Useful Expressions

in other words 즉, 다시 말해서
In other words, children from impoverished families are likely to live in poverty like their parents.
다시 말해, 빈곤층 자녀들은 자신들의 부모처럼 가난하게 살 가능성이 크다는 것이다.

work consistently 계속적[지속적]으로 일하다
We have been *working consistently* to eliminate unfair trade practices.
우리는 불공정 무역 관행을 없애기 위해 지속적으로 일해오고 있습니다.

get rid of ~ ~를 제거하다, 없애다
You had better *get rid of* your bad habits.
나쁜 버릇들은 버리는 편이 좋겠군요.

go out of business 파산하다
His textile business *went out of business* last year due to the increase of oil prices.
그의 섬유 사업은 유가 인상으로 작년에 파산했다.

for a long time 오랫동안
They looked in silence at each other *for a long time*.
그들은 오랫동안 말없이 서로 쳐다보았다.

Writing Practice

1 나는 일확천금(많은 돈)을 얻으려는 망상 때문에 카지노에서 노름하느라 전 재산을 거의 다 써버렸다.
(under the fantasy (환상[망상] 때문에))

Answer | I spent nearly all of my money gambling in the casino under the fantasy of making a fortune.

19 American Healthcare Crisis (2)

BILL MOYERS: What do you mean, complexity of delivery?

DR. JIM YONG KIM: Well, just think about a single patient. So a patient comes into the hospital. There's a judgment made [1]the minute that patient walks into the emergency room about how sick that person is. And then there are relays of information from the triage nurse to the physician, from the physician to the other physician, who comes [2]on the shift.

From them to the ward team, that takes over that patient. [3]There's so many just transfers of information. You know, we haven't looked at that transfer of information the way that, for example, Southwest Airlines has. Apparently they do it better than any other company in the world.

BILL MOYERS: Computers?

DR. JIM YONG KIM: No, they have taken seriously the human science of how you transfer simple information from one person to the next. And in medical school, and in the hospitals that I've worked in, we've done it [4]ad hoc. Sometimes we do it well. Sometimes we don't do it well. But what we know is that transfer of information is critical. Now to me, again, that's the rocket science. That's the human rocket science of how you make health care systems work well.

중요표현 해설

[1] 'the minute that S V'는 'the moment that S V'의 구어적 표현으로 '~하자마자'의 뜻이다.

[2] shift란 '교대근무'를 뜻하는데, 일반적으로 지역마다 근무시간을 나타내는 명칭이 약간 다르긴 하지만, day(아침 근무), swing(오후 근무), graveyard(밤 근무) 등으로 나뉜다.

[3] 구어체의 느낌이 물씬 풍기는 표현이다. 정확한 표현을 하자면, 'There are so many transfers of information'이라 해야 할 것이다. 하지만 구어체에서 There are라는 표현을 발음상의 편의성을 위해서 There's라고 넘기는 경우가 많다.

[4] ad hoc은 '특별히, 임시의'라는 뜻인데, 'We have gathered together ad hoc.'이라 하면 '특별히 모임을 가졌다'라는 뜻도 되지만, 우리말의 갑작스런 모임이라는 '번개모임' 정도의 의미로도 볼 수 있다.

미국 의료 제도의 위기

BILL MOYERS: 복잡한 전달이란 것이 어떤 의미인가요?

김용 박사: 음, 환자 한 명이 있다고 생각해 보죠. 그래서 어떤 환자가 병원에 들어옵니다. 환자가 응급실로 들어오는 순간 이 환자가 얼마나 아픈지에 대한 판단을 내리겠죠. 그런 다음 응급실 간호사에서 의사로, 의사에서 다음 교대로 들어오는 다른 의사에게 잇따라 정보가 전달됩니다.

이들에게서 다시 환자를 인계받는 병동의 팀으로 넘어오죠. 수없이 많은 정보가 전달됩니다. 예를 들면, 우리는 Southwest 항공사에서 하는 방식의 정보 전달을 보지는 못했습니다. 분명 그 회사는 전 세계 어느 회사보다 더 잘 하고 있는 것 같아요.

BILL MOYERS: 컴퓨터요?

김용 박사: 아니에요. 이들은 한 사람에게서 취한 단순한 정보를 다음 사람에게 어떻게 전달하는지에 관한 인문 과학을 진지하게 받아들였습니다. 그리고 제가 근무한 의대와 병원에서 우리는 이것을 임시로 실시했습니다. 때로는 잘할 때도 있지만, 그렇지 못한 경우도 있습니다. 그러나 우리가 아는 사실은 정보 전달이 아주 중요하다는 것입니다. 저에게는 이것이 바로 어려운 일입니다. 바로 의료제도가 어떻게 잘 운영되게 할 것인가에 관한 인간 로켓학인 셈이죠.

Words & Phrases

judgment[dʒʌdʒmənt]
판단

emergency room[imɜ́ːrdʒənsi]
응급실

relays of information
정보의 전달

triage nurse[tríːeidʒ] [nəːrs]
응급 간호사

on the shift[ʃift]
교대로

ward[wɔːrd]
병동

take over
인계받다

transfer of information
정보의 이동

apparently[əpǽrəntli]
명백히, 분명히

take seriously
심각하게 받아들이다

ad hoc[æd hάk]
특별히 (= especially)

critical[krítikəl]
중대한, 아주 중요한

rocket science
로켓학

문장 구조

But **what** we know is **that** transfer of information is critical.
→ what은 주어로 사용된 관계대명사이며, that은 transfer를 수식하는 형용사로 쓰이고 있고, is 뒤에 보어절을 이끄는 관계대명사 that이 생략되었다.

직독[청] 직해: 읽어가며[들어가며] 바로 이해하기 훈련

BILL MOYERS: What do you mean, / complexity of delivery? //
BILL MOYERS:　　　　　　어떤 의미인가요　　　　전달의 복잡성이라는 것이

DR. JIM YONG KIM: Well, just think about a single patient. // So a patient
김용 박사:　　　　　　환자가 한 명 있다고 생각해 보죠　　　그래서 어떤 환자가

comes into the hospital. // There's a judgment made / the minute / that
병원에 들어옵니다　　　　판단을 내리겠죠　　　　그 순간에

patient walks into the emergency room / about how sick that person is. //
그 환자가 응급실에 들어오는　　　　그 사람이 얼마나 아픈지에 대해

And then / there are relays of information / from the triage nurse to the
그런 다음　　잇따른 정보 전달이 있습니다　　응급실 간호사에서 의사로

physician, / from the physician to the other physician, / who comes on the
　　　　의사에서 다른 의사에게　　　　　교대로 들어오는

shift. // From them / to the ward team, / that takes over that patient. // There's
　　　그들에게서　　병동의 팀으로 오죠　　그 환자를 인계받는　　　수없이

so many just transfers of information. // You know, / we haven't looked at
많은 정보가 전달됩니다　　　　　　아시다시피　　우리는 그런 정보 전달을 보지는

that transfer of information / the way that, / for example, Southwest Airlines
못했습니다　　　　　　　　방식의　　　　예를 들면, Southwest 항공사에서 하는

has. // Apparently they do it better / than any other company in the world. //
　　　분명히 그들은 더 잘합니다　　　전 세계의 어떤 회사보다

BILL MOYERS: Computers? //
BILL MOYERS:　컴퓨터요?

DR. JIM YONG KIM: No, / they have taken seriously the human science /
김용 박사:　　　　아니에요　　그들은 인문 과학을 진지하게 받아들였습니다

of how you transfer simple information / from one person to the next. // And
단순한 정보를 어떻게 전달하는지에 대한　　한 사람에게서 다음 사람에게

in medical school, and in the hospitals / that I've worked in, / we've done
그리고 의대와 병원에서　　　　　제가 근무한　　　우리는 이것을

it ad hoc. // Sometimes we do it well. // Sometimes we don't do it well. // But
임시로 실시했습니다　가끔은 잘할 때도 있죠　　가끔은 그렇지 못한 경우도 있습니다　　그러나

what we know / is that transfer of information is critical. // Now to me, /
우리가 알기로는　　　정보 전달이 아주 중요하다는 것입니다　　　저에게는

again, / that's the rocket science. // That's the human rocket science / of how
다시 말씀드리지만　어려운 일입니다　　　바로 인간 로켓학인 셈이죠　　　의료제도를

you make health care systems work well. //
어떻게 잘 운영할 수 있을지에 관한

Further Study

발음팁

shift [쉬(ㅍ+흐)(트)]로 발음되는데 문맥을 타지 못하면 이건지, sheep(양)인지, ship(배)인지 오락가락 하기 쉽다.

rocket [로켓]은 우리끼리나 하는 발음이고 외국인을 상대할 때는 반드시 [롸킽]으로 발음해주기를.

Useful Expressions

take over 인계받다

Mrs. Sandra will *take over* my job while I'm on maternity leave.
내가 출산 휴가 중일 때, 샌드라 부인이 나의 일을 대신할 것이다.

apparently 명백히, 분명히

I can *apparently* see a lot of stars at the night sky.
나는 밤하늘에서 많은 별을 선명하게 볼 수 있다.

Writing Practice

1 나는 오늘까지는 낮 근무이지만, 내일은 밤 근무가 될 것이다.
   (낮 근무[교대]인 on the day shift / 밤 근무[교대]인 on the night shift)

2 회의는 그때그때 필요에 따라 열릴 것이다.
   (특별히, 그때그때, 임시로 ad hoc)

   그들은 긴급한 문제를 처리하기 위해 즉석 회의를 가졌다.
   (즉석 회의 ad hoc meeting / 긴급한 문제 urgent problems)

Answer 1. I am on the day shift until today, but will be on the night shift tomorrow.
2. The meetings will be held on an ad hoc basis.
They had an ad hoc meeting to deal with the urgent problems.

19 American Healthcare Crisis (3)

What we need now is ¹a whole new cadre of people who understand the science, who really are committed to patient care. But then also think about how to make those human systems work effectively. We've been calling it, aspirationally, the science of health care delivery. And we do it at Dartmouth.

30 years ago, one of our great faculty members, Jack Wennberg, started asking a pretty simple question. Why is there variation, for example, in the number of children who get their tonsils taken out, between one county in Vermont versus another? 'Cause one of his children was in school at one place. Another of his children were in the school in another place.

And in one place, almost everyone had their tonsils out. And in another place, almost no one did. And of course, he found that there ²happened to be a doctor there who liked to take tonsils out and benefited from it. And he kept asking this question, you know, outcome variation. He called it the evaluative clinical sciences. And I think that's really the forerunner to what we're talking about in terms of the science of …

BILL MOYERS: Fancy…

DR. JIM YONG KIM: …health care delivery.

중요표현 해설

1. cadre를 사전에서 찾으면 '중요한 간부단' 정도의 의미로 나와 있다. 사전의 의미를 그대로 받아들일 경우 스스로 활용할 때 뿐 아니라 우리말로 해석할 때 어색하게 된다. a cadre of는 'an important(core) group of' 정도로 생각하면 된다. 어려운 표현을 쉬운 말로 표현하다보면 자연스럽게 어려운(익숙하지 않은) 표현에 대한 용례도 쉽게 이해할 수 있게 된다.

2. 'happen to'는 '우연히 ~하다(하게 되다)'의 의미와 '혹시'의 의미가 있다.

   ex. I just so happen to believe in standing up for mistreated employees. (나는 그냥 부당하게 대우받는 직원들 편에 서야 한다고 믿어.)

   Do you happen to know which car James drives? (너 혹시 James가 무슨 자동차를 운전하는지 아니?)

미국 의료 제도의 위기

우리에게 현재 필요한 것은 이 학문을 잘 이해하고, 환자 치료에 진정으로 헌신하는 전혀 새로운 사람들입니다. 그러나 이러한 인력 체계를 효율적으로 잘 운영할 수 있는 방법에 관해서도 생각해야 합니다. 우리는 이를 야심차게 건강의료전달학(the science of health care delivery)이라 부르고 있습니다. 다트머스에서 그 일을 하고 있죠.

30년 전, 우리의 훌륭한 교수이신 Jack Wennberg는 아주 단순한 질문을 던졌습니다. 예를 들면, 버몬트의 한 지역과 다른 지역 사이에 편도선을 제거한 아이의 수가 왜 차이가 나는 것인가? 이는 그 분의 아이 중 한 명이 그 한 지역의 학교에 다니고 있었거든요. 또 다른 지역에 그 분의 또 다른 아이 한 명이 다니고 있었습니다(역자주: 두 아이가 다른 지역의 학교를 각각 다니다 보니 이런 현상을 목격하고, 물음을 던졌다는 말).

그리고 한 지역에선 거의 모든 아이들이 편도선을 제거했었죠. 다른 지역에선 그렇게 한 아이가 거의 없었습니다. 물론 그는 편도선을 제거해서 그것으로부터 혜택을 받고 싶어했던 한 의사가 그곳에 있었다는 사실을 알아냈어요. 그는 이 질문을 계속 던졌습니다. 바로 결과의 차이점이죠. 그는 이를 평가임상학이라 불렀습니다. 저는 이것이 바로 우리가 (건강의료전달)학의 관점에서 이야기하는 것의 교두보가 된다고 생각합니다.

BILL MOYERS: 멋지네요.

김용 박사: 이것이 바로 건강의료전달이죠.

Words & Phrases

cadre[kǽdri]
핵심 그룹, 간부단의 일원

committed to patient care
환자의 치료에 열중하는

work effectively
효과적으로 작동하다

aspirationally
[æspəréiʃənli]
열망적으로

the science of health care delivery
건강 전달학

faculty[fǽkəlti] **member**
교수진, 교직원

variation[vɛəriéiʃən]
차이 (= difference)

tonsil[tɑ́nsil]
편도선

taken out
제거한, 들어낸

versus[və́ːrsəs]
대(對)

benefit[bénəfit] **from ~**
~로부터 이익[혜택]을 얻다

outcome variation
결과 차이

evaluative[ivǽljuèitiv] **clinical**[klínikəl] **sciences**
평가임상학

forerunner[fɔ́ːrrʌ̀nər]
전조, 선두 주자, 선구자, 교두보

in terms[təːrmz] **of ~**
~에 관해서는, ~의 관점에 있어서는

문장 구조

started asking a pretty simple question
→ start 뒤에는 to 부정사나 동명사 모두 사용할 수 있다.

And he **kept asking** this question, ~
→ keep 뒤에는 -ing(현재 분사)만이 따라온다.

He **called** it the evaluative clinical sciences.
→ call은 make, consider, keep, leave, find 등처럼 5형식 동사로, 주로 consider와 같이 명사를 목적 보어로 받는다.

직독[청] 직해: 읽어가며[들어가며] 바로 이해하기 훈련

What we need now / is a whole new cadre of people / who understand the
지금 우리에게 필요한 것은   전혀 새로운 사람들입니다   이 학문을 잘 이해하고

science, / who really are committed to patient care. // But then also think
         환자 치료에 진정으로 헌신하는   그러나 또한 생각해야 합니다

about / how to make those human systems work effectively. // We've been
      이러한 인력 체계를 효율적으로 운영하는 방법도   우리는 이것을 부르고

calling it, / aspirationally, / the science of health care delivery. // And we do
있습니다   야심차게   건강의료전달학이라고   그리고 우리는 그 일을 하고

it / at Dartmouth. //
있습니다 다트머스에서

30 years ago, / one of our great faculty members, Jack Wennberg, / started
30년 전   우리의 훌륭한 교수이신 Jack Wennberg는   아주

asking a pretty simple question. // Why is there variation, / for example, /
단순한 질문을 던졌습니다   왜 차이가 나는지   예를 들면

in the number of children / who get their tonsils taken out ,/ between one
아이들의 수가   편도선을 제거한

county in Vermont versus another? // 'Cause one of his children was in
버몬트의 한 지역과 다른 지역 사이에   그 이유는 그분의 아이들 중 한 명이 학교에 다니고

school / at one place. // Another of his children were in the school / in another
있었거든요 그 한 지역의   또 다른 아이 한 명이 학교에 다니고 있었습니다   또 다른 지역의

place. //

And in one place, / almost everyone had their tonsils out. // And in another
그리고 한 지역에서는   거의 모든 아이가 편도선을 제거했었죠   다른 지역에선 그렇게

place, / almost no one did. // And of course, / he found / that there happened
한 아이가 거의 없었습니다   물론   그는 알게 되었습니다   그곳에 의사 한 명이

to be a doctor there / who liked to take tonsils out / and benefited from it. //
있던 것을   편도선을 제거하고 싶어했던   그리고 이로부터 혜택을 받고 싶어했던

And he kept asking this question, / you know, / outcome variation. // He
그는 이 질문을 계속 던졌습니다   아시다시피   바로 결과의 차이점이죠.   그는

called it / the evaluative clinical sciences. // And I think that's really the
이것을 불렀습니다 평가임상학이라고   저는 이것이 바로 교두보라고 생각합니다

forerunner / to what we're talking about / in terms of the science of… //
           우리가 이야기하는 것의   (건강의료전달)학의 관점에서

BILL MOYERS: Fancy… // **DR. JIM YONG KIM**: …health care delivery. //
BILL MOYERS: 멋지네요   김용 박사: 이것이 바로 건강의료전달이죠

Further Study

발음팁

committed 아주 많이 쓰이는 단어라 발음이 정확해야 한다. 첫 모음에 강세가 없어 [어]로 출발해야 하고 겹자음 mm은 한 번만 발음해주는 거고 tt는 모음과 모음 사이에서 t가 ㄹ로 유화된다. 고로 이 발음은 [커미릳]으로 발음해야 한다.

'Cause 이렇게 표시된 것은 Because에서 Be 발음을 내지 않았다는 것이다. 강세가 없어 첫 음절을 거의 발음하지 않았다.

happene<u>d</u> to be 과거형을 만드는 밑줄 친 d 발음을 내서 [해펀드]하면 어색하게 들린다. 따라서 밑줄 친 d 발음은 거의 무시하고 발음하는 게 좋다.

Useful Expressions

work effectively 효과적으로 일을 하다
You need to *work effectively* to finish the work earlier than expected.
예상보다 일찍 끝내기 위해서는 효율적으로 일을 할 필요가 있다.

benefit from ~ ~에게서 이익, 혜택을 얻다
Who exactly stands to *benefit from* the sudden currency reform?
갑작스런 화폐 개혁으로 이익을 보는 사람이 정확히 누구죠?

I think that's really the forerunner to ~ 나는 그것이 ~를 하는 데 정말 교두보가 된다고 생각한다
I think that's really the forerunner to the big project that we are planning to do.
나는 그것이 우리가 하려고 계획 중인 대형 프로젝트의 교두보가 될 것이라고 생각한다.

Writing Practice

1 축구에 관해서는 브라질보다 더 나은 나라는 없다.
   (~에 관해서는, ~의 관점에서는 in terms of ~)

Answer 1. In terms of soccer, no country is better than Brazil.

20 Life-saving Drugs and Drug Industry (1)

BILL MOYERS: One of the big disappointments to [1]a lot of people is that the White House [2]reportedly has made a deal with the drug industry, not to use the power of the government to negotiate lower drug prices, or through [3]Medicare and Medicaid. Now I know you know something about negotiating for lower drug prices, when you were at the World Health Organization, right?

DR. JIM YONG KIM: Right.

BILL MOYERS: Tell me about that.

DR. JIM YONG KIM: It's a very complicated business. If you look at three diseases, the three major killers, HIV, tuberculosis and malaria, the only disease for which we have really good drugs is HIV. And it's very simple, because there's a market in the United States and Europe. So what we know is that market incentives to drive drug delivery are critical. We have to maintain them somehow, because if you don't have market incentives, there are almost no malaria or tuberculosis patients, we have almost no new drugs.

중요표현 해설

[1] a lot of라는 표현은 구어체에 주로 사용이 되기에, 문어체에서 피하도록 한다.

[2] [리포티들리]라고 발음하는 경우가 많은데, [리포-들리]라고 발음되므로 주의한다.

[3] 미국의 대표적 의료보험으로 메디케어(Medicare)와 메디케이드(Medicaid)가 있다.

① 메디케어(Medicare)의 경우 연방정부에서 주체한다. 미국의 경우 개인이 질병에 걸릴 확률을 바탕으로 보험료를 산정하는데, 노인의 경우 질병이 자주 걸리기 때문에 보험료가 다소 비싸지만, 민간보험의 경우 노인에 대한 보험 제공을 회피한다. 이는 노인의 경우 보험료가 다소 비싸더라도 적자가 날 확률이 높기 때문이다. 이에 대한 대안으로 65세 이상의 노인이나 장애인의 의료비를 지원하는 보험제도를 확립한 것이 바로 메디케어(Medicare)이다. 일반적으로 재원은 사회보장제도 세금에서 공제한 것을 적립한 것에서 조달한다. 주로 은퇴자 또는 장애인 시민권자와 영주권자에게만 혜택이 주어진다.

② 메디케이드(Medicaid)의 경우 주 정부의 관할로 주 정부의 예산과 연방정부지원금으로 재원을 충당한다. Medicare와 달리 세금을 납부하지 않아도 자격이 되는데, 저소득층, 임산부 등의 극빈계층에 적용된다.

약품 전달이 용이하도록 하는 시장의 동기가 중요

BILL MOYERS: 많은 이들이 가장 크게 실망한 것 중 하나는 보도에 따르면, 정부의 권한으로 약값 인하 협상을 하거나 Medicare(의료 보장제도로 주로 65세 이상의 고령자를 대상으로 함)와 Medicaid(65세 미만의 저소득자·신체장애자 의료 보조제도)를 통하지 않고, 백악관이 제약 업계와 거래를 했다고 하네요. 박사님이 세계보건기구에 몸담고 계셨을 때 약값 인하 협상과 관련해 아시지 않습니까?

김용 박사: 맞습니다.

BILL MOYERS: 그에 관한 이야기를 해주세요.

김용 박사: 이게 아주 복잡한 일입니다. 주된 사망 원인이 되는 에이즈, 결핵 그리고 말라리아라는 세 가지 질병을 볼 때, 우리가 유일하게 가장 잘 듣는 약을 가진 질병은 에이즈입니다. 이유는 아주 간단한데, 미국과 유럽에 시장이 있기 때문이죠. 그래서 우리는 약품 전달을 촉진하는 시장의 (소비) 동기가 아주 중요하다는 것을 압니다. 어떻게든 이를 유지해야 하는데, 이유는 만약 시장의 동기가 없다면, 말라리아 환자나 결핵 환자도 없는 것이고, 신약도 거의 없는 거라는 거죠.

Words & Phrases

disappointment [disəpɔ́intmənt] 실망
reportedly [ripɔ́ːrtidli] 보도에 따르면
make a deal [diː] 협상[거래]을 하다
drug [drʌɡ] **industry** 제약 업계
negotiate [nigóuʃièit] 협상하다
lower drug prices 약 가격을 낮추다
Medicare [médikɛər] 주로 65세 이상의 고령자를 대상으로 하는 의료 보장제도
Medicaid [médikèid] 65세 미만의 저 소득자·신체장애자 의료 보조제도
World Health Organization 세계보건기구
complicated 복잡한 [kάmpləkèitid]
major killers 사망의 주요원인이 되는 질병
tuberculosis 결핵 [tjubə̀ːrkjulóusis]
market incentives [inséntiv] 시장의 동기
drive drug delivery 약의 전달을 가속화시키다
critical [krítikəl] 아주 중요한
maintain 유지하다, 지키다
somehow [sʌ́mhàu] 여하튼, 어쨌든
patient [péiʃənt] 환자 (= case)

문장 구조

One of the big **disappointments** to a lot of people is **that** the White House **reportedly** has made a deal with the drug industry, **not to use** the power of the government to negotiate lower drug prices, or through Medicare and Medicaid.

→ One of 뒤에는 복수 명사가 반드시 따라오며, that은 앞에 be동사인 is가 있으므로 보어절인 접속사이고, reportedly는 부사이기 때문에 동사인 made를 수식하며, not to use의 to 부정사는 목적을 나타낸다.

직독[청] 직해: 읽어가며[들어가며] 바로 이해하기 훈련

BILL MOYERS: One of the big disappointments / to a lot of people / is that
BILL MOYERS: 가장 큰 실망스런 점 중 하나가 　　　　 많은 이들에게

the White House reportedly has made a deal / with the drug industry, /
보도에 따르면 백악관이 거래를 했다고 하네요 　　　　 제약 업계와

not to use the power of the government / to negotiate lower drug prices, /
정부의 권한을 사용하지 않고 　　　　 약값 인하 협상을 하기 위해

or through Medicare and Medicaid. // Now I know / you know something
아니면 Medicare와 Medicaid를 통해서 　　 알고 있습니다 　　 당신이 협상에 대해서

about negotiating / for lower drug prices, / when you were at the World
무언가를 알고 계신다고 　　 약값 인하를 위한 　　　　 박사님이 세계보건기구에 계셨을 때

Health Organization, / right? //
그렇죠?

DR. JIM YONG KIM: Right. //
김용 박사: 맞습니다

BILL MOYERS: Tell me / about that. //
BILL MOYERS: 이야기를 해주세요　 그에 관해서

DR. JIM YONG KIM: It's a very complicated business. // If you look at three
김용 박사: 　　　　 이는 아주 복잡한 일입니다. 　　　 세 가지 질병을 보면

diseases, / the three major killers, / HIV, tuberculosis and malaria, / the only
즉, 세 가지 주된 사망 원인이 되는 병 　 에이즈, 결핵 그리고 말라리아라는 　　 유일한

disease / for which we have really good drugs is HIV. // And it's very simple, /
병은 　　 우리가 가진 약 중에서 정말 잘 듣는 것은 에이즈입니다 　　 그리고 이는 아주 간단한데

because there's a market / in the United States and Europe. // So what we know / is
왜냐하면 시장이 있기 때문이죠 　　 미국과 유럽에 　　　　 그래서 우리가 알고 있는 것은

that market incentives to drive drug delivery / are critical. // We have to maintain
약의 전달을 촉진할 수 있는 시장의 동기가 　　 아주 중요하다는 것입니다 　 우리는 어떻게든

them somehow, / because if you don't have market incentives, / there are almost
이를 유지해야 하는데 　　 그 이유는 만약 시장의 (소비) 동기가 없다면

no malaria or tuberculosis patients, / we have almost no new drugs. //
말라리아 환자나 결핵 환자도 없는 것이고 　　 신약도 거의 없는 거라는 거죠

Further Study

발음팁

deal 단어의 철자가 eal로 끝나면 (어)발음을 살짝 넣어 잡아 당기는 기분으로 [디얼]처럼 발음해주는 게 자연스럽다.

reportedly 미국식 발음은 [리포리를리]처럼 발음되고, 영국식 발음은 [리포티들리]로 발음된다.

industry 강세가 첫 모음 i에 있다는 데 유의해야 한다.

negotiate 보통 [네고쉬에이트]라고들 발음하는데 그게 아니라 [니고(우)쉬에잍] 정도로 발음해야 만점 발음이 나온다.

critical [크리티컬], [크리디컬], [크리리컬] 세 발음 다 통하는데, 주로 가운데 발음으로 많이 발음한다.

Useful Expressions

reportedly 보도에 따르면
  Most of the passengers aboard were *reportedly* killed in the plane crash.
  보도에 따르면 비행기 추락사고에서 탑승한 대부분 승객들이 죽었다고 한다.

neigotiate 협상하다
  They *negotiated* with the enemy for peace.
  그들은 평화를 위해서 적과 협상했다.

There are almost no ~ ~가 거의 없다
  There are almost no school violence in the district.
  그 지역에는 학교 폭력이 거의 없다.

Writing Practice

1 나는 절대 그들과 협상[거래]을 하지 않겠다.
   (협상[거래]을 하다 make a deal)
   _____.

2 그는 그 연극에서 아주 중요한 역할을 했다.
   (아주 중요한 critical / ~에서 역할을 하다 play a role in ~)
   _____.

Answer 1. I will never make a deal with them. 2. He has played a critical role in the play.

20 Life-saving Drugs and Drug Industry (2)

So somehow, we have to maintain the market incentives, for the pharmaceutical industry to keep working. [1]Now having said that, I've worked a lot with the drug companies to say, "Okay, so make as much money as you can on the HIV drugs in the first world. We will work with you to protect those markets and protect your intellectual property. On the other hand, in those areas where you make no money anyway, work with us to make those drugs available." And they've done that for HIV drugs, in a way that's really quite astounding. So somehow — [2]you know, this is a complicated issue. We've got to make sure that the incentive for the drug companies to make new drugs is still there. But at the same time, be reasonable about making sure that people have access to them.

중요표현 해설

[1] 'Now having said that'은 '그러나 말을 꺼내서 말인데, 그렇다고는 해도, 그렇게 말은 하지만'이라는 뜻으로 자주 쓰이는 말이다. 의미상으로 앞에서 전개된 내용과 다른 측면의 이야기 또는 상반된 내용을 전달할 때 쓴다.

  ex. I love traveling around the world, having said that, I am flat broke. (나는 세계 여행을 정말 하고 싶어. 그렇게 말은 하지만, 사실 난 완전 빈털터리야.)

[2] 김용 총재의 말투 전반에 'you know'라는 표현이 자주 등장한다. 이 표현은 화자가 다음 말을 생각할 때 쓰이는 '있잖아, 그러니까, 저기' 등의 의미로 쓰이며, 말과 말 사이를 자연스럽게 연결시켜주는 기능을 한다. 상대방과 대화를 나눌 때, 대화의 완급 조절의 기능으로 아주 유용하나, 지나치게 자주 사용할 경우 다소 배우지 못한 느낌의 말투가 드러날 수 있으니 주의해야 한다. 이 외에 상대방이 알고 있는 대상에 대해 언급할 때와 자신의 한 말을 강조할 때 쓰인다.

  ex. Guess who I've just seen? Maggie! You know — Jim's wife. (내가 방금 누굴 봤는지 알아? 매기였어! 알잖아, 짐의 부인 말이야.) → 상대방이 알고 있는 대상

  I'm not stupid, you know. (난 멍청이가 아냐, 알잖아.) → 강조용법

약품 전달이 용이하도록 하는 시장의 동기가 중요

그러니 어떻게든 우리는 제약 산업이 계속 돌아가도록 만들기 위해서 시장 동기를 유지해야 합니다. 그런데 그렇게 말을 하기는 해도, 저는 제약 회사들과 많은 일을 해오면서 다음과 같이 말합니다. "좋아요. 제1세계에서 에이즈 약으로 가능한 한 많은 돈을 버십시오. 우리는 이러한 시장과 여러분의 지적 재산을 보호해주기 위해 노력할 것입니다. 반면, 어차피 돈벌이가 안 되는 지역에서는 우리와 함께 이 약이 구매 가능하도록 협력해 봅시다." 그리고 정말 놀라운 방식으로 이들은 에이즈 약을 위해 제가 요청한 바를 해 주었습니다. 그래서 아무튼… 아시다시피 이는 아주 복잡한 문제입니다. 제약 회사가 신약을 만들 수 있는 동기가 반드시 존재하도록 보장해야 합니다. 그러나 동시에 사람들이 이에 대한 접근이 가능하도록 합리적이기도 해야 합니다.

Words & Phrases

pharmaceutical [fɑ̀ːrməsjúːtikəl] **industry** 제약 업계

make as much money as you can 될 수 있는 한 많은 돈을 벌다

intellectual property [ìntəléktʃuəl] [prápərti] 지적 재산

on the other hand 반면에

available [əvéiləbl] 가능한, 이용할 수 있는

in a way ~한 방식으로

astounding [əstáundiŋ] 놀라운 (= amazing)

at the same time 동시에

reasonable [ríːzənəbl] 합리적인

have access to ~ [ǽkses] ~에 접근하다

문장 구조

So somehow, we have to maintain the market incentives, **for** the pharmaceutical industry **to** keep working.
→ 이 문장에서는 keep working의 의미상 주어가 the pharmaceutical industry로 되어 있다. 즉, '제약 업계가 제대로 돌아갈 수 있도록'의 의미이다.

Now **having said** that, I've worked a lot with the drug companies to say, "Okay, so make as much money as you can on the HIV drugs in the first world.
→ having said는 소위 완료 분사구문으로 'as I had said'(내가 말해 왔듯이)의 뜻이다.

직독[청] 직해: 읽어가며[들어가며] 바로 이해하기 훈련

So somehow, / we have to maintain the market incentives, / for the
그러니 어떻게든   우리는 시장 동기를 유지해야 합니다

pharmaceutical industry to keep working. // Now having said that, / I've
제약 산업이 계속 돌아가도록   그런데 그렇게 말을 하기는 해도   저는

worked a lot with the drug companies / to say, / "Okay, / so make as much
제약 회사들과 많은 일을 해오면서   말합니다   좋아요   그럼 가능한 한 많은

money as you can / on the HIV drugs / in the first world. // We will work with
돈을 버십시오   에이즈 약으로   제1세계에서   우리는 여러분과 협력해나갈

you / to protect those markets / and protect your intellectual property. // On
것입니다   이러한 시장을 보호하고   여러분의 지적 재산을 보호하기 위해서

the other hand, / in those areas / where you make no money anyway, / work
반면에   그런 지역에서는   어차피 돈을 벌지 못하는   우리와 함께 협력해

with us / to make those drugs available." // And they've done that for HIV
봅시다   이 약이 구매 가능하도록   그리고 그들은 에이즈 약을 위해 요청한 바를

drugs, / in a way that's really quite astounding. // So somehow — you know, /
해 주었습니다   정말 놀라운 방식으로   그래서 아무튼...   아시다시피

this is a complicated issue. // We've got to make sure / that the incentive for
이것은 아주 복잡한 문제입니다   우리는 반드시 보장해야 합니다   제약 회사가 새로운 약을

the drug companies to make new drugs / is still there. // But at the same
만들 수 있는 동기가   존재하도록   그러나 동시에

time, / be reasonable about making sure / that people have access to them. //
합리적으로 보장해야 합니다   사람들이 이에 대한 접근이 가능하도록

Further Study

발음팁

quite '꽤', '상당히'라는 이 단어는 [콰잍]으로 발음하면 되고, 이것과 좀 헷갈리는 quiet(조용한)은 [콰이얻]으로 발음하는 거 다 아시죠?

pharmaceutical 이렇게 좀 철자가 길면 대다수 영어 학도들이 제대로 발음하지 못하는 경향이 있는데 정확한 발음은 [ㅍ+화머ː쑤리컬]이다. 이 단어를 발음할 때 주의할 점은 ph는 f발음과 똑같다는 것, [ː]표시는 약간 장음으로 발음해야 한다는 것, 강세가 첫 음절과 세 번째 음절에 있다는 것이다.

property 무심코 [프로퍼티]로 발음하게 되면 그야말로 콩글리시 냄새가 푹푹 진동한다. 강세를 앞에 두고 밑줄 친 rt가 모음과 반모음 사이에서 유화되는 경향이 있으니까 격음 t를 날려 버리고 [프라퍼리]로 발음하면 미 아나운서 발음과 똑같아진다.

still 그냥 [스틸]로 발음하면 영어같이 안 들릴 수 있으니까 t를 약간 된소리로 [ㅌ+ㄸ] 정도로 내주고, 철자가 ill로 끝났으니까 발음 규칙상 약간 당겨주는 기분으로 발음하여 [스ㅌ+ㄸ얼]로 발음하면 역시 만점 발음이 나온다.

Useful Expressions

make as much money as one can 될 수 있는 한 많은 돈을 벌다

One of my goals in my life is to *make as much money as I can*.
내 인생 목표 중 하나는 될 수 있는 한 많은 돈을 버는 거야.

on the other hand 반면에, 다른 한편으로는

The students talk a lot, on the one hand, but they *on the other hand*, participated actively in the class.
학생들은 한편으로는 많이 떠들지만, 다른 한편으로는 수업에 적극적으로 참여했다.

in a way ~ ~한 방식으로

These days SMART Phones are equipped with a variety of functions *in a way* that is beyond imagination.
요즘 스마트폰은 상상을 뛰어넘는 방식으로 한 다양한 기능을 가지고 있다.

Writing Practice

1 수입은 증가하는 반면 수출은 감소하고 있다.
 (반면에 on the other hand)

Answer 1. Import is increasing, on the other hand, export is decreasing.

21 Drugs that can not be reachable (1)

BILL MOYERS: If I understand the story, that could be cured by a drug, but the drug was so expensive that poor people [1]couldn't afford it in the developing world. And what did you do about that?

DR. JIM YONG KIM: What happened was, we looked at the cost of these drugs and the drugs for a complete cure for a patient living in a developing world. [2]When we started, was about $25,000. But what we later learned was that the only reason they were so expensive is because they were only sold in first-world countries. So what we did was we got everyone who was interested in purchasing these drugs. We went to Doctors without Borders. We went to other health organizations and said, "Can you help us get the Indian and Chinese drug industry to start making these drugs?" And they did it. Now, the real key was at Eli Lilly and Company, that was making two of the drugs, they came on board and said, "You know what? We're going to help you with this program. We don't make any money off these drugs, they're off patent a long time ago. We're going to actually help you find manufacturers in those countries that can make these drugs at a lower cost."

중요표현 해설

[1] afford는 '감당할 수 있다, 여유가 있다'의 의미로 주로 부정문에 활용된다. 그 의미가 돈과 관련된 표현에 한정되어 있지 않으므로 다양한 용례를 통해 그 활용을 익히도록 한다.

  ex. I cannot afford the expense. (그 비용을 감당할 수 없다.) / I cannot afford the loss of a day. (단 하루도 헛되이 할 수 없다.) / I can't afford to be generous. (선심 쓸 여유가 없다.)

[2] 'When we started, it(the cost) was about $25,000.'에서 it이 생략된 형태이다.

새로운 약과 백신이 빨리 제공되기를...

BILL MOYERS: 제가 그 이야기를 이해하기로는, 특정 약에 의해서 치료가 될 수 있겠네요. 하지만 약이 너무 비싸서 개도국의 가난한 사람들은 살 수가 없었습니다. 그 문제에 대해서는 어떻게 하셨나요?

김용 박사: 우리가 한 일은, 이 약의 비용과 개발도상국에서 살고 있는 환자가 완치할 수 있는 약을 살펴보는 것이었습니다. 우리가 시작할 때는 약 2만5천 달러였습니다. 그러나 나중에 알게 된 사실은 이 약들이 이렇게 비싼 이유가 바로 제1세계 국가들에서만 판매되었기 때문이었습니다. 그래서 우리가 한 일은 이러한 약 구입에 관심을 가지는 모든 사람을 알아보는 것이었습니다. 우리는 '국경없는 의사회'에 갔습니다. 우리는 다른 건강기관에 가서 "인도와 중국 제약 업계에서 이런 약을 만들 수 있도록 도와줄 수 있습니까?"라고 말했습니다. 그리고는 이들은 그 일을 했죠. 이즈음, 핵심은 바로 Eli Lilly and Company였습니다. 이들은 이 중 두 약을 생산하고 있었는데, 우리와 한 배를 타기로 하고, "저기요. 우리가 당신과 함께 이 프로그램을 돕겠습니다. 우리가 이 약에서 버는 돈은 없습니다. 이들은 오랫동안 특허도 없습니다. 우리가 이런 나라들에서 저렴한 가격에 이러한 약을 만들 수 있는 제조사를 찾을 수 있도록 실제로 도움이 되어드리겠습니다."라고 말했습니다.

Words & Phrases

afford[əfɔ́ːrd]
여유가 되다

purchase[pə́ːrtʃəs]
구입하다 (= buy)

health organization
[ɔ̀ːrɡən-izéiʃən]
건강 단체, 의료기관

drug industry
제약 업계

come on board
배에 타다

manufacturer
[mæ̀njufǽktʃərər]
제조업체

at a lower cost
저가에, 더 낮은 가격에

문장 구조

understand the story, **that** could be cured by a drug, but the drug was so expensive **that** poor people couldn't afford it in the developing world. And what did you do about **that**?
→ 이 문장에서는, 첫 번째의 that은 주어로인 대명사로 쓰였고, 두 번째의 that은 접속사로, 그리고 세 번째의 that은 the drug ~ the world까지를 받는 대명사로 사용되었다.

But **what** we later learned was **that** the only reason they were so expensive is because they were only sold in first-world countries. So **what** we did was we got everyone who was interested in purchasing these drugs.
→ 두 개의 what은 주어로 쓰였고, that은 접속사로 사용되었다. 그리고 the only reason 뒤에는 관계부사인 why가 생략되었다.

직독[청] 직해: 읽어가며[들어가며] 바로 이해하기 훈련

BILL MOYERS: If I understand the story, / that could be cured / by a drug, /
BILL MOYERS:　　　제가 그 이야기를 이해하기로는　　　치료가 될 수 있겠네요　　특정 약에 의해서

but the drug was so expensive / that poor people couldn't afford it / in the
　　하지만 약이 너무 비싼 나머지　　　　가난한 사람들이 살 수가 없었습니다

developing world. // And what did you do about that? //
　개발도상국의　　　　　그러면 그 문제에 대해서는 어떻게 하셨나요?

DR. JIM YONG KIM: What happened was, / we looked at the cost of
김용 박사:　　　　　　무슨 일이 있었냐면　　　우리는 이 약의 비용을 살펴보았습니다

these drugs / and the drugs for a complete cure / for a patient / living in a
　이 약들의　　그리고 완치할 수 있는 약을　　　　환자를 위해서　　개발도상국에서

developing world. // When we started, / was about $25,000. // But what we
　살고 있는　　　　우리가 시작했을 때는　　　약 2만5천 달러였습니다　　　그러나 나중에

later learned / was that the only reason / they were so expensive / is because
　알게 된 사실은　　　　유일한 이유는　　　이 약들이 이렇게 비쌌던　　　유일하게

they were only sold / in first-world countries. // So what we did / was we
　판매되었기 때문이었습니다　　제1세계에서　　　　그래서 저희가 한 일은　　모든 사람을

got everyone / who was interested in purchasing these drugs. // We went
　알아보는 것이었습니다　　　이들 약 구입에 관심을 가지는　　　　　　우리는

to Doctors without Borders. // We went to other health organizations / and
　'국경없는 의사회'에 갔습니다.　　　　우리는 다른 건강기관에 가서

said, / "Can you help us / get the Indian and Chinese drug industry / to
말하기를　　우리를 도와줄 수 있습니까　　　인도와 중국 제약 업계로 하여금

start making these drugs?" // And they did it. // Now, the real key / was at
　이런 약을 만들 수 있도록?　　　그리고는 그들은 그 일을 했죠　　이즈음 핵심은　　바로 Eli Lilly

Eli Lilly and Company, / that was making two of the drugs, / they came on
and Company였습니다　　　　이 중 두 약을 생산하고 있었던　　　　그들은 저희와 한 배를

board and said, / "You know what? // We're going to help you / with this
　타고 말했죠　　　　　저기요　　　　　우리가 당신들을 돕겠습니다　　　이 프로그램과

program. // We don't make any money / off these drugs, / they're off patent /
　관련해　　　　우리가 버는 돈은 없습니다　　　이 약으로부터　　　특허도 없습니다

a long time ago. // We're going to actually help you / find manufacturers / in
　오랫동안　　　　저희가 실제로 도움이 되어드리겠습니다　　　제조사를 찾는 데

those countries / that can make these drugs / at a lower cost." //
　이런 나라들에서　　　이러한 약을 만들 수 있는　　　　더 저렴한 가격에

Further Study

발음팁

could 끝자음 d를 받침으로 넣는 기분으로 [쿧]처럼 발음해야 자연스럽다.

afford it 두 단어를 연음시켜 [어ㅍ+호딭]처럼 발음해야 자연스럽다.

went to [웬트 투]라고 발음하기 쉬운데 went의 t발음은 하지 않고 그냥 [웬 투]로 발음해야 한다.

start 밑줄 친 t를 약간 된소리로 발음하고 끝자음 t는 아주 약하게 발음하여 [스ㅌ+따(트)]로 발음하면 본토발음과 비슷해진다.

off f 발음이 아주 약하게 발음되기 때문에 리스닝이 약한 독자들은 이걸 up이나 of으로 착각하기 쉽다. 결론적으로 유사 발음들인 up이나 of과 헷갈리지 않기 위해서는 리스닝과 발음 훈련 이외에 독해 훈련을 강화하여 독해로 구별하려는 자세가 필요하다.

Useful Expressions

afford 여유[형편]가 되다

Can you *afford* to buy a luxurious foreign car?
사치스런 외국산 차를 구입할 형편이 됩니까?

at a lower cost 저가에, 더 낮은 가격에

If you go to the flea market, there are a lot of things you can buy *at a lower cost*.
벼룩 시장에 가면 저렴한 가격에 살 수 있는 물건들이 많다.

Writing Practice

1 여러분은 이 가게에서 정가보다 저렴한 가격으로 옷을 구입할 수 있습니다.
   (더 저렴한 가격으로 at a lower cost / 정가 regular price)

Answer 1. You can purchase clothes at a lower cost than the regular price at this shop.

21 Drugs that can not be reachable (2)

So I think it's one of the greatest acts of corporate philanthropy I've ever seen, Eli Lilly and Company stepping in on two drugs that they don't make any money off anymore, helping us to craft the overall response to drug-resistant tuberculosis. [1]We're not there yet. If there were a market for tuberculosis drugs, then I think we'd have lots of new drugs. But because there's not one in the developed world, we're still struggling. So those of us who have been really working, you know, on a day-to-day level to try to provide those drugs, we've learned a couple of things. One, intellectual property is important — but the drug companies, if you keep working with them, they'll see that there is a great philanthropic and humanitarian achievements that they can claim for themselves, by helping to make them accessible. Now we're not there yet. But you know, the Gates Foundation, for example, is working very hard to fill the holes that the market is not filling. You know, we're all — [2]got our fingers crossed, hoping that Bill and Melinda Gates will be successful in getting us these new drugs and vaccines.

중요표현 해설

[1] 'We're not there yet.'에서 there는 실생활에 아주 자주 활용된다. 여기에선 '어떤 목적이 다 이뤄지지 않았다'는 의미로 활용되고 있다. 다른 용례로, 만약 이해할 수 없을 정도의 엉뚱한 발상을 가진 한 친구가 있을 경우 'He is pretty out there.'라는 표현을 쓸 수 있다. 즉, 이해할 수 없는 '저 멀리 밖의 공간'에 존재하는 사람이란 의미로서 '그는 참 엉뚱해(우리와 달라)'의 뜻으로 다소 부정적인 뉘앙스가 담겨 있다고 볼 수 있다.

[2] 상대방 또는 자신에게 행운 또는 승리를 빌 때, 검지와 중지를 꼬아 작은 승리를 표현하는 V자를 만든다는 데서 비롯된 재미있는 표현이다.

새로운 약과 백신이 빨리 제공되기를...

그래서 이는 제가 본 기업 박애주의 중에서 가장 위대한 행동의 하나라고 생각합니다. Eli Lilly and Company가 더는 돈을 벌지 못하는 두 약에 뛰어들어 우리가 약제 내성 결핵에 전적으로 대응할 수 있는 약을 만들도록 도와주고 있습니다. (그러나) 아직 다 끝난 것은 아닙니다. 만약 결핵약 시장이 있다면, 저는 우리가 신약을 많이 얻을 수 있다고 생각합니다. 그러나 선진국에는 하나도 없기 때문에 여전히 힘든 것이죠. 그래서 정말 열심히 일해 왔고, 하루하루 이러한 약을 제공하기 위해 노력하는 우리는 몇 가지 사실을 알게 되었습니다. 하나는, 지적 재산이 중요하다는 것입니다. 하지만 만약 이들과 계속 일하게 되면, 제약 회사들은 이것(약)을 구입 가능하게 도움으로써 자신들을 위해 주장할 수 있는 위대한 박애주의적이고 인도주의적인 성과를 보게 될 것입니다. 아직은 멀었습니다. 그러나 예를 들어 게이츠 재단은 시장이 메우지 못하는 구멍을 메우기 위해 열심히 노력하고 있습니다. 아시다시피, 우리 모두 빌과 멜린다 게이츠가 성공해서 이러한 새로운 약과 백신을 우리에게 제공해주기를 두 손 모아 빌고 있습니다.

Words & Phrases

acts of corporate philanthropy [fìlǽnθrəpi]
기업의 박애주의 행위

step in on ~
~에 개입하다, 관여하다

craft [kræft]
만들다 (= make)

overall response
전반적인 반응

drug-resistant tuberculosis [tjubə̀ːrkjulóusis]
약제 내성 결핵

developed world
선진 세계

struggling [strʌ́gliŋ]
고생하는, 발버둥치는

on a day-to-day level
하루하루, 매일매일
(= on a day-to-day basis)

intellectual property [ìntəléktʃuəl] [prάpərti]
지적 재산

philanthropic and humanitarian achievements
박애주의적이고 인간적인 업적

claim [kleim] **for themselves**
스스로 주장하다

accessible [æksésəbl]
접근 가능한, 출입 가능한

fill the holes
구멍을 메우다

get ~ fingers crossed
행운을 빌다
(= keep ~ fingers crossed)

문장 구조

So I **think** it's one of the greatest acts of corporate **philanthropy** I've ever seen, Eli Lilly and Company stepping in on two drugs **that** they don't make any money off anymore, **helping** us to craft the overall response to drug-resistant tuberculosis.

→ think 뒤에는 접속사 that이 생략되었고, philanthropy 뒤에는 선행사가 사물인 관계대명사 which[that]가 생략되었으며, that 앞에는 명사 선행사 drugs가 있어서 목적격 관계대명사, 그리고 helping은 주어가 they인 주어와 능동 의미의 분사 구문으로 'and help'의 뜻이다.

they'll see **that** there is a great philanthropic and humanitarian achievements **that** they can claim for themselves, by helping to make them accessible.

→ 처음의 that은 동사의 뒤에 사용되었으므로 접속사이고, 뒤의 that은 achievements를 선행사로 받는 관계대명사이다.

직독[청] 직해: 읽어가며[들어가며] 바로 이해하기 훈련

So I think / it's one of the greatest acts of corporate philanthropy / I've ever
그래서 저는 생각합니다   이것은 기업의 박애주의 중 가장 위대한 행동의 하나라고   제가 본

seen, / Eli Lilly and Company stepping in on two drugs / that they don't
    Eli Lilly and Company가 두 약을 만드는 데 뛰어들고 있습니다   그들이 더는 돈을

make any money off anymore, / helping us / to craft the overall response / to
벌지 못하는   우리를 도와주면서   전적으로 대응할 수 있는 약을 만들도록

drug-resistant tuberculosis. // We're not there yet. / If there were a market /
약제 내성 결핵에   (그러나) 아직 다 끝난 것은 아닙니다   만약 시장이 있다면

for tuberculosis drugs, / then I think / we'd have lots of new drugs. // But
결핵약의   저는 생각합니다   우리가 신약을 많이 얻을 수 있다고   그러나

because there's not one / in the developed world, / we're still struggling. //
하나도 없기에   선진국에선   여전히 힘든 것이죠

So those of us / who have been really working, you know, / on a day-to-day
그래서 우리는   아시다시피 정말 열심히 일해 왔던   하루하루

level / to try to provide those drugs, / we've learned a couple of things.//
    이러한 약을 제공하기 위해 노력하는   몇 가지 사실을 알게 되었습니다

One, / intellectual property is important / — but the drug companies, / if you
하나는   지적 재산이 중요하다는 것입니다   하지만 제약 회사들은   계속 이들과

keep working with them, / they'll see / that there is a great philanthropic
일하게 되면   알게 될 것입니다   위대한 박애주의적이고

and humanitarian achievements / that they can claim for themselves, / by
인도주의적 성과가 있음을   그들이 스스로 주장할 수 있는

helping to make them accessible. // Now we're not there yet. // But you
그들로 하여금 이들 약의 구입을 가능하게 도움으로써   아직은 멀었습니다   그러나

know, / the Gates Foundation, / for example, / is working very hard / to fill
아시다시피   게이츠 재단은   예를 들어   열심히 노력하고 있습니다   구멍을

the holes / that the market is not filling. // You know, we're all — got our
메우기 위해   시장이 메우지 못하고 있는   우리 모두 두 손 모아 빌고 있습니다

fingers crossed, / hoping that Bill and Melinda Gates will be successful / in
    빌과 멜린다 게이츠가 성공하기를 희망하며

getting us these new drugs and vaccines. //
이런 새로운 약과 백신을 우리에게 제공해 주는 것에 있어서

Further Study

발음팁

philanthropy [ㅍ+휠랜쓰+뜨라피]로 발음할 줄 알아야 한다. ph는 f 발음과 똑같고, 가운데 a는 강세가 들어가 [애]로 발음해야 하고, th는 번데기 발음기호라는 데 주의해야 하고, 모음 o에 강세가 있다는 것에 유의해서 발음해야 한다.

level [레벨]로 발음하면 발음 레벨이 최하 수준이니까 [래블]로 발음하도록 하자. 첫 모음에 강세가 있어 [애]에 가깝게 발음해야 하고, 뒷 모음 e에 강세가 없어 [으]로 발음해줘야 한다.

hard 무심코 [하드]로 발음하게 되면 완전 콩글리시가 되어 버리니까 [하(어)(드)]로 발음하도록 하자. hard에서와 같이 모음 다음에 r이 따라 붙으면 살짝 (어) 발음을 넣어주는 게 요령이다. 그리고 항상 끝자음 d는 약하게 받침으로 넣는 기분으로 발음해줘야 자연스럽다.

in getting 밑줄 친 in은 문장 속에서는 in인지 and인지 오락가락 하기 쉽다. 그러니까 발음상으로는 and와 헷갈리기 쉬우니까 주의가 요망된다.

vaccine [백신]으로 발음하기 쉬운데 그 발음이 아니라 [백씬]처럼 발음해야 본토 발음에 근접하게 된다.

Useful Expressions

intellectual property 지적 재산
By ignoring copyright law, *intellectual property* is being misused.
저작권법을 무시함으로써 지적 재산이 남용되고 있다.

accessible 접근 가능한, 가능한
The performing place is easily *accessible* by public transportation.
그 공연장은 대중교통을 이용하여 쉽게 갈 수 있다.

Writing Practice

1. 매일매일 우리가 먹는 음식을 포함한 모든 것이 급등했다.
   (하루하루 기준으로, 그때그때 on a day-to-day level (= on a day-to-day basis) / 급등하다 skyrocket)

   _____

2. 나는 우리 반 모두 그 자격시험에 합격하도록 행운을 빌었다.
   (행운을 빌다 get my fingers crossed / 자격시험 qualifying examination)

   _____

Answer 1. Everything, including food we eat on a day to day level has skyrocketed.
2. I've got my fingers crossed so that everyone in my class will pass the qualifying examination.

부록: 미국식 발음 특강

필자는 거의 매주 1~2회 정도 몇 년 째 영어 면접 개인지도를 해오고 있다. 이 분들에게 주로 해주는 일은 본인들이 만들어 온 한국말 답변을 영어 모범답안으로 만들어 2~3시간 집중 훈련을 시키는 것이다. 개개인에 따라 다르지만 보통 전체 시간의 반 이상을 영어발음 교정에 시간을 할애한다.

이들 중 반 이상이 1~2년 해외 연수자, 영문과 재학생 등 당연히 영어발음이 좋아야 할 분들인데 대다수가 20개 안팎의 영어 모범답안 문장을 제대로 발음하지 못한다는 것이다. 발음이 나쁜 이유들에는 여러 가지가 있겠지만 가장 큰 원인은 미국식 기본 영어발음요령을 전혀 알지 못하고 있기 때문이라고 자신 있게 말할 수 있다. 영어발음 기술을 터득하면 분명히 발음이 달라지는데 그걸 제대로 배우지도 못했고 가르쳐주는 데도 없으니 그렇게 발음이 나쁠 수밖에.....

중·고교 공교육 영어교육현장에서, 사설 영어 학원 시장에서, 인강(인터넷 강의)시장에서 엉터리 영어발음 강사들로부터 배운 오염된 영어발음을 30여 년간 연구해온 발음전문가인 필자가 이번 기회에 다음과 같은 챕터 순서에 따라 결정적인 영어발음 기술들을 체계적으로, 명쾌하게 전수함으로써 정화된 미국 본토발음이 나오도록! 확! 뜯어고쳐보겠다.

1. 영어리듬 타기
2. 끊어 읽기
3. 강세 음절
4. (미국) 원어민과 거의 비슷한 발음을 구사할 수 있게 해주는 간단명료한 발음기술 30가지

1. 영어리듬타기 – Rhythm

영어를 들어보면 우리말의 모노톤과는 달리 올라갔다 내려갔다 하면서 리듬을 타듯이 발음한다는 기분을 느끼게 되는데 그 원인은 원어민들은 영어 문장을 읽을 때 명사, 형용사, 부사, 본동사, 지시 대명사, 의문사, 강조하고 싶은 단어는 강하게 읽고 관사, 전치사, 조동사, be 동사 등의 기능어(function word)는 상대적으로 약하게 읽기 때문이다. 이해되셨습니까?

자, 이제 명연설문에 나왔던 예문들을 통해 확인해보기로 하죠.

ex 1 I'll **never forget** when I was a **sophomore** at **Brown**.
   ⋯▸ 진하게 처리된 글씨체는 강하게 읽고, 흐릿하게 처리된 글씨체는 약하게 발음한다.

2 I **came home** from **school** and my **father picked** me **up** at the **airport**.
   ⋯▸ 상동
   Note: 위 문장의 up은 전치사가 아니고 부사라 강하게 읽어야 한다.

3 My **father slowly put** the **brakes on**.
   ⋯▸ 상동
   Note: on 역시 전치사 같지만 전치사가 아니고 부사라 강하게 읽어야 한다.

4 **Look**, you're a **Korean living** in an **American society**.
   ⋯▸ 상동

5 He was **talking** to me when he **knew** that my **mother** was a **Ph. D** in **philosophy**.
   ⋯▸ 상동

다시 한 번 강조하지만 명사, 형용사, 부사, 본동사, 지시 대명사, 의문사 같은 내용어(content word)들을 기능어에 비해 강하게 읽어주면 자동적으로 리드미컬한 발음이 생성된다는 것이다.

2. 끊어 읽기 – Pausing

명연설문이든, 뉴스든, 소설이든, 원서든 영어문장을 유연하게 읽고 싶으면 의미 단위로 끊어 읽는 요령에 익숙해져야 한다. 특별한 원칙은 없지만 일반적으로 다음과 같은 끊어 읽기 기준이 있다.

- 쉼표(,)가 있으면 끊어 읽는다.
- 절과 절 사이에 끊어 읽는다.
- 부사구, 형용사구 앞에서 끊어 읽는다.
- 긴 주어구(절) 다음에 끊어 읽는다.
- 긴 동사구 뒤에서 끊어 읽는다.
- 목적어(절) 앞에서 끊어 읽는다.
- 분사구문(현재분사, 과거분사) 앞에서 끊어 읽는다.
- 삽입어구 앞뒤에서 끊어 읽는다.
- 주어가 한 단어이면 끊어 읽지 않는다.
- 주부나 술부, 형용사절, 목적절 등이 길면 그 사이에서 끊어 읽을 수 있다.

자, 역시 이번에도 명연설문에 나왔던 예문들을 통해 확인해보기로 하죠.

ex 1 I can't tell you / how grateful I am / to my father / for ensuring / that I went to the medical school. //
⋯→ / 표시에서 잠시 포즈를 취하듯이 읽어주면 전체적으로 유연하게 발음한다는 느낌을 주게 된다.

2 On the other hand, / I never gave up my interest / in philosophy and politics. //
⋯→ 상동

3 First and foremost, / I am oriented / toward solving practical problems / and I hope / I can bring that / with me / to Dartmouth. //
⋯→ 상동

4 You know / there are gonna be a lot of practical problems / we've got to solve. //
⋯→ 상동

5 At the end of the day / we've got to solve problems, / we've got to be practical. //
⋯→ 상동

보다시피, 앞에서 열거한 10가지 끊어읽기 기준에 의하여 읽으면 자연스런 발음이 생성되는데 읽는 내용이 명연설문이냐, 뉴스냐, 초등용 교재냐, 고등용 교재냐에 따라 끊어 읽기 표시인 / 의 개수가 더 적거나 많을 수 있다.

3. 강세 음절 – Stressed Syllable

영어에는 단어 강세와 음절 강세가 있는데, 단어 내에 강세를 두고 발음해야 하는 음절을 강세 없이 발음하게 되면 완전 콩글리쉬가 되면서 원어민들이 전혀 못 알아듣게 되니까 이번 기회에 강세 음절의 중요성을 강조하고자 한다. 강세가 들어가는 음절에서는 반드시 강세를 두고 발음해야 할 단어들을 기본 영단어들을 통해 확인해보자.

강세를 하이라이트 처리된 부분에 두고

ex 1 career [커**리**어]로 발음
2 ceramic [써**래**믹]으로 발음
3 model [**마**들] 또는 [**마**를]로 발음
4 poverty [**파**붜티] 또는 [**파**붜리]로 발음
5 novel [**나**블]로 발음
6 purpose [**퍼**ː퍼스]로 발음
7 philosopher [ㅍ+휠**라**서ㅍ+훠]로 발음
8 astronomer [어스츄**라**너머]
9 familiar [ㅍ+훠**밀**리어]
10 solid [**쌀**러(드)]
11 tolerance [**탈**러런스]
12 physician [ㅍ+훠**지**션]
13 political [펄**리**디컬] 또는 [펄**리**리컬]
14 charismatic [캐러즈**매**릭]
15 battery [**배**러리]

보다시피 강세가 들어간 음절에는 확실하게 강세를 두고 오른쪽과 같이 부드럽게 발음해야 한다.

4. 간단명료한 발음기술 30가지

1 슈와현상

미국인들은 모음 a, e, I, o, u, y에 강세가 없으면 그 모음을 '어'나 '으'로 발음하려는 경향이 강한데 이걸 schwa현상 또는 약모음화 현상이라고 한다.

ex. What is your strat**e**gy? 당신의 전략은?
　⋯▸ 모음 e에 강세가 없어 [스트뢔러지]로 발음된다.

2 연음현상

자음이 모음과 모음 사이에 끼어 있을 시 따로 떨어져 있는 단어라도 연음시켜 발음한다는 발음현상이다.

ex. Son, think about a career diplomat. 아들아, 직업 외교관이 되는 것 생각해봐라.
　⋯▸ 밑줄 친 부분에서 자음과 모음이 만나 연음되면 think about a가 [ㅆ+띵커바우러]로 발음됨.

3 유화현상

미국인들은 t, d, nt, rt, rd가 모음과 모음 사이에 있으면서 강세가 없을 때 부드럽게 읽으려는 경향이 강한데 이를 두고 말한다.

ex. i**t**em ⋯▸ [아이름]
　　　me**d**ical ⋯▸ [매리클]　　　　twen**t**y ⋯▸ [투어니] 또는 [투애니]
　　　par**t**y ⋯▸ [파(어)리]　　　　　or**d**er ⋯▸ [오(어)러]

4 R 탈락 또는 R 약화 현상

미국인들은 ra, re, ri, ro, ru, ry에 강세가 없을 시 r 발음을 아예 안 하거나 아주 약하게 발음하려는 경향이 강한데 이를 두고 말한다.

ex. fo**r**eign ⋯▸ [ㅍ+호안]
　　　tempe**r**ature ⋯▸ [탬프처]　　　sec**r**etary ⋯▸ [쌔크터리] 또는 [쌔크테리]
　　　Soc**r**ates ⋯▸ [싸커티즈]　　　　p**r**eliminary ⋯▸ [플리미네리]

5 동화현상

미국인들은 같은 발음 또는 비슷한 발음이 만나면 어느 한 쪽으로 동화시켜 발음하는 경향이 강한데 이를 두고 말한다.

ex. 1 Give me a minute. ve가 me에 동화되듯이 발음되어 [깁미어 미닡]처럼 발음한다.
  2 Miss Song! Miss의 ss가 Song 의 S에 동화되어 [미:쏭]같이 발음된다.
  3 have been have의 ve가 been의 be와 유사 발음이라 실제로 발음할 때는 [해:빈]같이 발음된다.

6 끝자음의 약화 현상

미국인들은 t, d, k, v 등이 단어의 맨 끝에 올 때, 끝자음을 아주 약하게 발음하려는 경향이 강한데 이를 두고 말한다.

ex. bank [뱅(크)]처럼 발음.
  want [원(트)]처럼 발음.
  bad [배(드)] 처럼 발음.

7 모음에 강세가 들어갈 때

a. **모음 e에 강세가 들어갈 경우** – 일반적으로 [에]보다는 [애]에 가깝게 발음한다.

 ex. letter [레러]가 아니라 [래러]로 발음해야 자연스럽다.

b. **모음 o에 강세가 들어갈 경우** – 강세가 들어가서 [아]로 발음해야 할 때는 반드시 [아]로 발음해야지 무심코 [오]로 발음했다가는 완전 된장냄새가 풀풀 풍기게 된다.

 ex. model [모델]이 아니라 [마를] 또는 [마들]로 발음해야 단박에 알아듣는다.
  cf. novel은 [나블]로 발음.

c. **모음 a에 강세가 들어갈 경우** – 모음 a에 강세가 들어가 한글의 [애] 발음을 내야할 때, 무심코 [아] 발음을 냈다가는 낭패 보기 쉽다.

 ex. allergy [알레르기]가 아니라 [앨러지]처럼 발음해야 알아듣는다.
  cf. ceramic은 [쎄래믹]처럼 발음.

8 첫 모음에 강세가 없을 때

첫 모음에 강세가 없어 첫 모음이 아주 약하게 들릴 때, 이 발음현상을 모르면 꼼짝없이 당하기 쉽다.

ex. **Attention!** 첫 모음 A에 강세가 없어 마치 tension으로 발음하는 것같이 들려 '긴장'이라는 단어로 착각하기 쉽다.
  cf. **attorney** 첫 모음에 강세가 없어 '변호사'라는 이 단어가 마치 Tony라는 사람이름 같이 들릴 수 있다.

9 경음화 현상

미국인들은 st, sp, sk로 시작되는 단어들의 t, p, k를 된소리로 읽는 경향이 강하다.

ex. **stop** [스탑]과 [스땊]의 중간 정도인 [스ㅌ+땊]으로 발음.
  speak [스픽]과 [스삑]의 중간 정도인 [스ㅍ+삑]으로 발음.
  sky [스카이]와 [스까이]의 중간 정도인 [스ㅋ+까이] 정도로 발음.

10 bed과 bad 발음의 차이

bed의 e는 [애] 발음을 짧게 해야 하고, bad의 a는 [애(애)] 하듯이 [애] 발음을 약간 길게 내야 한다. 따라서 men과 man, set과 sat, met과 mat, bend과 band 등에서도 똑같은 원리가 적용된다.

11 L과 R 발음의 차이

a. L과 R이 단어의 처음에 나올 때

ex. **lake / rake**

  lake은 그냥 [레익]처럼 발음하고 rake은 [뤠익]처럼 발음하면 되는데, 문장 속이 아닌 개별 발음을 할 때는 lake을 발음할 때 소리 안 나게 [을] 발음을 내려는 입모양을 취하고 있다가 [레익]이라고 발음하고, rake을 발음할 때는 소리 안 나게 [우] 발음을 내려는 입모양을 취하고 있다가 [뤠익]이라고 발음한다.

b. L과 R이 단어 중간에 있을 때

ex. **glass / grass**

  glass는 [글래스]로 발음해서 [ㄹ]이 두 번 들어가게 발음하고, grass는 [그래스]로 발음해서 [ㄹ]이 한 번 들어가게 발음하면 된다.

12 한글 발음표기가 여의치 않은 f 발음

위 아래 입술이 달락말락하게 하면서 [ㅍ]과 [ㅎ] 중간 정도의 발음을 내려고 하면 된다.

ex. **face** [ㅍ+훼이스]
  fan [ㅍ+핸]   **fair** [ㅍ+훼어]
  fun [ㅍ+훤]   **feel** [ㅍ+휘얼]

13 f와 같은 족속인 v 발음

위 아래 입술이 달락말락하게 하면서 [ㅂ] 발음을 내려고 하면 된다.

ex. veteran [붸러런]　　vase [붸이스]　　vest [붸스(트)]

14 ph 발음

f 발음과 같다.

ex. photography 밑줄친 ph를 f 발음 내듯이 발음하면서 [ㅍ+훠타그러ㅍ+히]로 발음하면 된다.

15 자음이 몰려 있을 때

단어 중간에 자음이 몰려 있으면 가운데 자음 하나는 거의 발음을 하지 않거나 발음을 하더라도 아주 약하게 발음해야 한다.

ex. handbag [핸백]으로 발음.
　　 sounds [싸운즈]로 발음.
　　 apartment [어팔먼]처럼 발음.
　　 empty [앰(프)티]처럼 발음하여 (프)를 아주 약하게 발음한다.

16 코맹맹이 발음

ex. button [벝.은]처럼 발음하는데, 요령은 [벝] 발음을 분명하게 끊어 발음하고 [은] 발음에 들어가면 된다.
　　 cotton [캍.은]　　　　patent [퍁.은(트)]
　　 written [륕.은]　　　　Manhattan [맨햩.은]

17 ill, eel, eal로 끝나는 발음

약간 끌어주는 기분으로 발음해야 한다.

ex. hill [히얼]처럼 발음.
　　 peel [피얼]처럼 발음.
　　 deal [디얼]처럼 발음.

18 tr, dr로 시작되는 단어들의 발음

부드럽게 발음하기를 좋아하는 미국인들은 tr, dr로 시작되는 발음들의 경우 t는 [ㅊ]로, d는 [ㅈ]로 발음하려는 경향이 강하다.

ex. try [트라이]가 아니라 [추라이]로.
   travel [트래블]이 아니라 [추래블]로.
   train [트레인]이 아니라 [추레인]으로.
   drive [드라이브]도 통하지만 [쥬라이브]처럼.
   drill [드뤼얼]도 통하지만 [쥬뤼얼]처럼.

19 영어사전에 번데기 모양으로 나와 있는 발음기호

think, author, thick, thumb 등이 번데기 발음기호(θ)로 표시되는데 우리 한글에 없는 발음이라 주의를 요한다. 요령은 혀끝을 위 아래 치아 사이에 살짝 걸치도록 하면서 발음한다. 굳이 발음표기를 하자면 [ㅆ]과 [ㄸ]의 중간 발음처럼 다음과 같이 표기할 수 있다.

ex. theater [ㅆ+띠어러]

20 한글 발음표기가 여의치 않은 z 발음

zoo, zero, zone과 같이 발음기호 상에 z로 표기된 발음 역시 우리 한글표기가 힘든 발음이라 번데기 발음기호와 마찬가지로 음원에서 들리는 원어민의 발음을 듣고 따라하는 흉내를 많이 내 봐야 한다.

21 tely, ntly로 끝나는 발음

다음과 같이 발음하면 된다.

ex. completely [컴플릩리]처럼.
   lately [레잍리]처럼.   recently [뤼쓴리]처럼.
   currently [커런리]처럼.   fluently [ㅍ+흘루언리]처럼.

22 aft, eft, ift, oft로 끝나는 발음

ft가 아주 약하게 발음되어 주의를 요한다.

ex. left [래(ㅍ+흐)(트)]처럼 발음된다.
　　　lift [리(ㅍ+흐)(트)]처럼 발음된다.
　　　soft [쏘(ㅍ+흐)(트)]처럼 발음된다.

23 walk 과 work의 발음 구별

walk은 목에서 발음을 내는 기분으로 [웍]하면 되고, work은 양 뺨에서 발음을 내는 기분으로 [웍]하면 된다.

24 sh로 끝나는 발음

[쉬] 발음을 내되 [쉬] 발음을 최대한 짧게 내야 한다.

ex. fish [ㅍ+휘쉬]　　　wash [워쉬]　　　rush [뤄쉬]

25 '조동사 + 완료형' 발음

그냥 외워두는 게 좋다.

ex. should have done [슈르단]처럼 발음.
　　　would have been [우르빈]처럼 발음.
　　　could have died [쿠르다이(드)]처럼 발음.

26 quick, quit, quality 등의 발음

음절 두 개를 한꺼번에 발음하는 기분으로 발음한다.

ex. quick [쿠익]을 한꺼번에 발음하는 기분으로.
　　　quit [쿠잍]을 한꺼번에 발음하는 기분으로.
　　　quality [쿠알러디]에서 [쿠알]을 한꺼번에 발음하는 기분으로 발음한다.

27 can과 can't의 발음

긍정의 can은 주어를 상대적으로 강하게 발음하면서 [캔] 발음을 빨리 하고 지나가야 하고, 부정의 can't는 주어를 상대적으로 약하게 발음하면서 [캐앤(트)] 하듯이 약간 강하면서도 길게 발음하는 기분으로 발음한다. 다음과 같이.

ex. I can read. [아이 캔 뤼(드)]
I can't read. [아이 캐앤(트) 뤼(드)]

28 미국인들은 L 발음을 힘들어 한다

다음의 예를 보자.

ex. dec̲laration 밑줄 친 L 발음을 힘들어 해 들릴 때 decoration 같이 들린다.
a̲lways 밑줄 친 L 발음이 약화되어 [올웨이즈]와 [오웨이즈]의 중간 정도로 발음한다는 느낌을 받는다.

29 미국인들은 우리 한글의 '이응'에 해당하는 ing 발음을 힘들어 한다

그러니까 '짜장면'할 때 'ㅇ'발음을 힘들어해 '짜잔면'으로 발음하는 미국인들이 많다는 것이다.

ex. nothing 영화의 대본을 보면 'nothin'으로 표기된 것을 많이 보게 되는데 그것은 배우가 [나씨+띵]으로 발음하지 않고 [나씨+띤]으로 발음했기 때문이다.
cf. penguin [팽귄] 또는 [팬귄] 두 발음 다 오케이.

30 고유명사 발음

고유명사 발음은 우리가 알고 있는 그 발음과 다를 때가 많다. 아래의 예를 보면 흔히 우리가 알고 있는 고유명사와 실제 본토발음과는 하늘과 땅 차이라는 것을 확인할 수 있을 것이다.

이름) Napoleon 나폴레옹이 아니라 [너포울리언]으로 발음해야 한다.
Beethoven 베토벤이 아니라 [베이토우붠]으로 발음해야 한다.
Teresa 테레사가 아니라 [트리사]처럼 발음.
지명) Norwegian 노르웨이가 아니라 [노:뤼:전] 같이 발음해야 한다.
Warsaw 바르샤바가 아니라 [왈:쏘] 같이 발음한다.
Versailles 베르사유가 아니라 [붸어싸이] 같이 발음한다.

따라서 고유명사들의 발음은 그때그때 확인하고 외워두는 습관을 가져야 한다.